유럽에 빠지는
즐거운 유혹

3

유럽에 빠지는 즐거운 유혹

History&Culture 3

고성과 건축여행

베니야마 지음 | 서상원 옮김

스타북스

유럽에 빠지는 즐거운 유혹 3

초판 발행 | 2007년 2월 10일
개정 5쇄 발행 | 2011년 4월 5일
지은이 | 베니야마
옮긴이 | 서상원
발행인 | 김상철
발행처 | (주)스타북스
등록 번호 | 제300-2006-00104호
주소 | 서울 특별시 종로구 종로1가 르메이에르 1516호
전화 | 02)723-1188 팩스 | 02)735-5501
이메일 | starbooks22@naver.com
값 | 12,000원

ⓒ2011 Starbooks Inc.
Printed in Seoul, Korea

역사의 산 증인으로 남은 유럽의 성城과 성벽도시

유럽에는 훌륭한 성들과 중세 그대로의 정취를 간직한 성벽도시가 많이 남겨져 있다.

여행에 나서 그러한 성과 성벽도시들을 방문하는 것은 말로 다 하지 못할 정도의 큰 기쁨이며, 언제까지고 가슴에 남는 추억이 된다. 고성에 멈춰서 그곳에서 펼쳐졌을 역사를 상상해 보고, 옛 모습 그대로의 성벽에 둘러싸인 고풍스러운 집들이 늘어서 있는 구시가를 산책하며 그들의 생활을 접해보는 것은 아무리 해도 싫증나지 않는 일이다. 특히 사진 찍기가 취미인 사람이라면 절호의 장면과 만날 기회가 많이 있을 것이다.

성과 성벽도시는 서로 닮은 면도 있지만 근본적으로 다른 점이 있다. 우선 성은, 오로지 전쟁에 대비해 세워진 성벽과 우아한 생활의 장소로서 만들어진 성관으로 크게 나눠지는데, 이것은 모두 왕후귀족이 영지와 영민을 지배하기 위한 거점이었다. 그곳에서는 피 튀기는 전투가 벌어지고, 검은 음모들이 소용돌이치고, 죄 없는 자가 형틀에 묶여 고문을 당하며, 착취당한 영민들로부터 원성의 표적이 되던 곳이기도 했을 것이다. 어쨌든 성이라는 것은, 결코 낭만적이기만 한 존재는 아니었음이 분명하다.

물론 성을 거점으로 선정이 베풀어지고, 외적을 격퇴하고, 문화와 산업이 발달하는 등 진보적인 방향으로 작용했던 경우도 많았을 것이다.

지금까지는 모든 것이 '시간'이라는 필터로 걸러져, 우리들에게는 단순한 역사적 사실로 남게 되었다. 성은 그 살아있는 증인으로서 우리들의 눈에는 낭만적으로만 비춰지고 있는 것이다.

성벽도시는 왕후귀족의 성과는 성격이 다르다. 중세 유럽에서 그것은 시민의 자유와 독립의 상징이었다. 물리적이고 제도적인 성벽의 보호막에 둘러싸여, 유럽 나름대로의 고도의 자치권을 갖춘 도시가 발달하고, 상업과 수공업이 번성하고 시민문화가 꽃을 피웠다. 시대의 흐름과 함께

성벽도시도 변모를 강요받았으나, 중세 이래의 생활에 밀착한 문화는 더
더욱 힘차게 이어져 내려오고 있다. 이 점에서도, 성의 대부분이 이미 실
용에서 유리되어 있다고는 할 수 없는 것이다.

　성벽도시와 성에 공통되고 있는 부분은, 성벽과 탑과 성문 등의 외관과
함께 유럽 역사의 산 증인으로서의 빠뜨릴 수 없는 매력적인 산물이다.
이 책은, 유럽을 여행하는 분들께 그런 매력을 충분히 보여 드리고자 필
자가 다년간 유럽을 발로 뛴 체험을 기본으로 써 낸 것이다. 물론 국내외
의 학자와 연구가가 남긴 다수의 도서와 자료들도 참고로 하였다. 본 지
면을 빌려 깊이 감사 말씀을 올린다.

europe
beatiful
castles

유럽의
아름다운
성

슈농소 성
Chenonceau Castle

프랑스 루아르 계곡의 상트르 주(州) 엥드르에루아르에 있는 작은 마을인 슈농소 근처, 쉐르 강에 세워진 성이다.

슈농소 성은 물 속에 비친 환상적인 실루엣과 방사선으로 설계된 아름다운 정원에 매혹된 관광객들이 쉽게 발길을 돌리지 못할 정도로 아름답다.

슈농소 성은 일명 '부인들의 성'으로 불리며 프랑스 역사에서 중요한 역할을 했던 왕비, 애첩, 그리고 공주들의 흔적을 간직하고 있다. 앙리 2세의 19살 연상이었던 애첩 디안느 드 푸아티에, 애첩에게 남편을 빼앗긴 채 독수공방해야 했던 카트린느 드 메디시스 왕비, 그리고 카트린느의 며느리인 루이즈 드 로렌느, 뒤팡 부인, 플루즈 부인 순으로 여인들의 수중에 들어가게 된다. 현재 슈농소 성은 메니에 가(家) 소유이다.

슈농소 성은 성 자체의 아름다움과 역사적 사건들 외에 안에 소장하고 있는 귀중한 예술품으로도 유명하다. 르네상스식 가구, 16~17세기 양탄자, 그리고 코레조, 루벤스, 틴토레토, 방루 등의 그림들이 소장되어 있다. 건물은 전체적으로 르네상스 양식을 취하고 있다.

노이슈반슈타인 성
Neuschwanstein Castle

독일 퓌센 동쪽에 있는 노이슈반슈타인 성은 19세기 독일 바이에른 공국의 왕 루트비히 2세에 의해 지어졌다. 백조의 성이라는 뜻을 가진 이 성은 음악가 바그너의 오페라 로엔그린의 백조의 전설에서 모티브를 따와 마치 동화 속에 등장하는 궁전과 같은 환상적인 모습을 하고 있다.

월트 디즈니가 세운 디즈니랜드의 모델이 되기도 한 이 성은 알프스 고원의 만년설을 등지고 은빛으로 빛나는 성벽과 세 방향에서 호수가 성의 모습을 비추고 있어 와관도 아름답지만, 내부 역시 바그너의 오페라를 주제로 한 수많은 벽화가 장식되어 있는 화려하고 낭만적인 성이다.

그러나 루트비히 2세(재위 1864~1886)는 17년간의 축성기간동안 오직 성을 짓는 일에만 몰두 할 뿐 정사도 돌보지도 않고 결혼도 하지 않은 채 국고만 낭비하게 되자 1886년 6월 10일, 왕위에 오른 지 22년 만에 정신병자로 몰려 왕좌에서 쫓겨났고, 사흘 뒤 한 호수에서 싸늘한 시체로 발견되었다.

리즈 성
Leeds Castle

리즈 성은 영국의 남동부 해안에 있는 켄트(Kent) 지역에 857년에 건축되어 에드워드 1세, 헨리8세 등의 영지로 사용되면서 여섯 명의 여왕과 왕비들이 가장 아끼던 궁전으로 한때는 왕실의 별장으로도 쓰여지기도 하였으며, 영국에서 가장 아름다운 성이라는 칭송을 받고 있다.

성에 들어서면 드넓게 펼쳐진 평화로운 대지와 잔잔한 호수 그 안에 어우러진 색색의 꽃과 백조들과 머물고 싶은 산책로를 거닐다 보면 리즈 성이 그 멋스러운 자태를 드러낸다.

성 내부에는 고풍스러운 가구들과 벽걸이 융단, 유명한 화가의 그림들이 전시되어 있는데, 특히 천장까지 닿는 책장에 고서들이 가득 꽂혀있는 서재가 인상적이다. 벽지, 카펫, 테이블보 등 방 내부의 모든 것이 푸른빛으로 꾸며진 블루 룸(Blue Room)은 오랜 역사 동안 왕가가 머물렀다는 것을 입증할 만큼 호사스럽다.

1천년 역사를 지녔음에도 불구하고 그 보존 상태는 가히 놀랄 만하다.

아제르리도 성은 프랑스 르아르 강의 지류인 앵드르 강가에 동화처럼 세워진 르네상스 최초의 성 중 하나이다.

루아르 계곡은 '프랑스의 정원', '프랑스의 요람' 으로 알려져 있는데, 앙부아즈, 앙제, 블루아, 쉬농, 오를레앙, 소뮈르, 투르 등 유명한 성늘이 보여 있다. 특히 잉부아즈 성, 샹보르, 빌랑드리, 슈농소 성이 세계적으로 유명하다.

아제르리도 성은 부유한 자본가 베르텔로(G.Berthelot)에 의해 1518년부터 1529년에 걸쳐 건축되었다. 이 성은 화려하지만 사치스럽게 느껴지지 않는 기품을 지니고 있는데, 고딕 양식과 르네상스 양식의 과도기적인 건축이다.

이태리적인 요소와 프랑스의 전통 요소들이 가미된 복합적인 양식의 아주 아름다운 건물의 외관을 보여주고 있다.

성 내부에는16세기에서 17세기에 이르는 프랑스와 플랑드르의 벽걸이화태피스트리)와 가구, 16세기의 , 그림, 공예품 등을 모아 르네상스 스타일의 박물관을 조성해 놓았다.

아제르리도 성 남쪽에 있는 크리세-쉬르-망제(Crissay-sur-Manse)는 '프랑스에서 가장 아름다운 마을' 중의 하나로 알려져 있다.

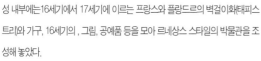

아제르리도 성
Azay-le -Rideau Castle

城

루아르 일대 많은 성 들 중에서 샹보르 성은 가장 규모가 큰 성이다. 샹보르 성은 프랑스 루아르에세르 현. 루아르 밸리의 드넓은 솔로뉴 숲 너머에 자리 잡고 있으며, 산책로를 따라 걷다보면 서서히 자태를 드러내는 하얗고 웅대한 샹보르 성의 모습은 깊은 감명을 주는데, 특히 일몰 때의 샹보르는 매우 인상적이다.

사냥터로 쓰였던 울창한 숲과 잘 어우러진 샹보르 성은 르네상스식 건축 양식과 풍부한 장식이 전성기 때의 모습을 그대로 보여주며, 특히 궁전 중앙에 있는 크고 육중한 계단과 테라스는 훌륭한 작품 중 하나다.

샹보르의 지면설계는 거대한 사각벽돌과 각 코너의 크고 묵직한 둥근 탑과 직사각형의 에워 싸인 탑의 측면을 한 중세적인 성을 따랐다. 일부분은 견고하지만 성이 군사용 목적은 결코 아니었다. 봉건적인 성의 전통적인 창문을 위한 등대신에 샹보르의 창문은 크고 스톤워크로 장식되었다. 건축가들은 수비를 위한 벽이 아니라 지붕꼭대기의 장식품을 유지하기 위해 두꺼운 벽을 세웠다. 호화로움과 아름다움으로 치장한 이곳은 2개의 나선형 계단으로 유명하다.

1981년에 유네스코 세계문화 유산으로 샹보르 성이 지정된 후 르아르 일대는 2000년 유네스코 세계문화 유산으로 추가 지정되었다.

샹보르 성
Chambord Castle

빌랑드리 성
Villandry Castle

완벽한 16세기의 건축물인 빌랑드리는 르와르 계곡의 성들 중 가장 마지막에 세워진 르네상스 양식의 프랑스식 정원으로 유명한 성이다.

프랑스와 1세 시절에 이탈리아 대사로 파견되어 당시 유행하던 이탈리아 르네상스 양식의 정원과 성에 감명을 받은 브르통(Jean Le Breton)은 자신의 거처를 좀 독특하게 만들기를 원하여 중세시대 방어용으로 만든 요새를 던전(Donjon)만을 남기고 모두 허물고는 아름다운 성을 건설한다.

특히, 대칭을 강조한 구획과 도형학적인 요소가 특징인 이탈리아 양식의 정원을 변형하여 이 곳에 만든다. 발코니에서 내다보는 정원과 르와르 계곡의 풍경은 일품이다.

성을 둘러싸고 있는 정원은 계절의 변화에 따라 화려하게 형형색색 변하는 3단계의 정원이 유명하다.

각종 야채가 있는 정원, 장식 정원, 분수 정원으로 구성된 이 곳에는 식물마다 그 역사와 의미를 설명해 놓고 있으며, 그 중에서도 르네상스 시대의 채소밭을 복원한 정원, 샘을 배치해 놓은 정원, 검은 나비의 날개를 형상화한 정원 등이 잘 알려져 있다. 가장 높이 위치하고 거울처럼 반사하는 '분수 정원(Jardin d'eau)'에서 물이 분수나 폭포를 이루며 해자 쪽으로 흘러간다.

현재의 정원은 시간이 흐르고 주인이 바뀌면서 증축되고 개조된 것을 1906년 새로운 주인이 된 '까르발로(Joachim Carvallo)'와 그의 손자가 1906년에 재건한 것이며, 스페인과 이태리 화가들의 흥미있는 그림들을 수집해 놓기도 하였다.

조각처럼 깎아 놓은 관목들과 세 단계로 나누어 심은 정원은 서로 조화를 이루어 4계절 내내 한 폭의 그림같다.

城

그라미스 성
Glamis Castle

15세기에 만들어진 그라미스성은 스코틀랜드에서 유령의 성으로 유명하다.
이유는 멕베스의 던컨과 킹 말콤 2세가 이곳에서 살해당했고, 그들의 유령이 나타난다고 전해지기
때문이다. 그래서 중세에는 일몰 이후에는 이곳에서 밤을 세우는것을 꺼려하였고, 그러한 두려움
을 견뎌낸 전사에겐 용사라고 불러주었다는 이야기가 전해져 온다.
하지만 성이 간직하고 있는 아름다움과 주변경관은 수많은 여행객들의 마음을 사로잡는다.

손부른 궁전은 무려 6세기 동안이나 군림한 합스부르크가의 채취를 느낄수 있는 곳이다.
바로크양식의 결정체로서 베르사이유 궁전과 흡사하다. 1696년 레오폴드 1세가 바로크 건축의 거
장이었던 피셔폰 에를라하에게 원대한 조경계획을 세우게 했고, 마리아 테레지아 여제 때인 1744년
에서 1750년까지 건축이 진행되어 니콜라스 파카시가 완성했다.
왕위계승전쟁을 성공으로 이끌며 훌륭한 개혁으로 개척한 마리아 테레지아가 5남 11녀를 낳아 키
운 곳이며, 한때(1805~1809)는 나폴레옹이 빈을 정복한후 그의 사령부로 쓰기도 했다.
합스부르크 가의 여름궁전이었던 이곳에는 1,441개의 방이 있고 이중 40개의 방만이 일반인에게
공개되고 있다. 이 방들 중 프란시스 요셉이 사용하던 단순하면서도 우아한 침실과 6세의 어린 모차
르트가 피아노 연주로 마리아 테레지아를 즐겁게 했다는 거울의 방(The Hall of Mirror)이 유명하다.
손부른은 궁전 내부의 볼거리도 다양하지만 정원 또한 아름답기로 유명하다. 프랑스식의 잘 정돈된
꽃밭과 숲, 그리고 아름다운 분수가 '여름궁전' 손부른의 면모를 잘 말해주고 있다.

손부른 궁전
Schonbrunn Castle

에딘버러 성
Edinburgh Castle

아름다운 산과 호수가 빚어내는 절경으로 이름난 스코틀랜드의 수도, 에딘버러의 중앙에 당당히 자리잡고 있는 12세기의 고성이다. 화려하고 웅장한 유럽의 성과는 달리 도시방어를 위한 요새적 분위기가 강하다.

에딘버러 성은 관광객들이 압도 당할만큼 절벽 위에 우뚝 서 있다. 화산 모양의 바위산에서 도시를 내려다보고 있는 에딘버러 성은 그야말로 천연의 요새이다. 하지만 멀리서 바라보는 에딘버러 성의 모습은 약간은 칙칙한 분위기가 나기도 하지만 이 유서깊은 성은 전략적으로 화산암 위에 지어져 있어 지금도 군사적으로 중요한 방벽 역할을 하고 있다.

이 성안에는 성 마거릿 교회와 스코틀랜드의 여왕 메리가 영국의 제임스 1세를 낳았던 15세기 궁전 건물 등과 스코틀랜드의 왕관과 보석, 군사 박물관 등을 볼수 있다. 여름의 축제 기간에는 성 앞에서 열리는 밀리터리 타투 행사가 인기이고 성에서는 바라보는 에딘버러의 시가지의 모습과 저 멀리 보이는 바다의 모습도 일품이다.

2 중세의 성을 방문하다

성 만들기에 투여된 열정과 지혜를 현존하는 성을 통해 탐구

3 중세의 성벽도시를 방문하다

도시의 자유와 독립의 상징. 성벽 안에서의 시민의 생활을 더듬으며

4 성 관 과   의 고 성 (擬 古 城) 이   생 겨 나 기 까 지

대포의 발달에 적응한 근세 성벽과 주거를 위한 아름다운 성관

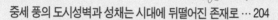

1

성城의 역사를
거슬러 올라가면

선사시대의 소박한 요새에서 로마시대의 성벽도시까지

인간은 언제부터
성을 만들기 시작했는가

영국에 많이 남아있는 힐 포트

영국에는 정상 부근이 기묘한 지형으로 이루어져 있는 언덕들이 곳곳에 존재한다. 그것은 대개 주위 평야와는 달리 높이 솟아있는 형태의 언덕으로 정상 부근에는 마치 언덕에 머리띠를 두른 것처럼 지면에 '커다란 주름'이 생겨나, 그것이 언덕 전체를 감싸듯이 둘러쳐져 있다. '큰 주름'은 한 겹으로 된 것도 있는가 하면 이중, 삼중이 되어 있는 것도 있다.

그러한 언덕의 대부분은 옛날부터 목초지로 사용되었다. 지금도 양이나 소의 무리들이 한가롭게 풀을 뜯고 있는 광경을 어렵지 않게 볼 수 있다. 목초가 왕성하게 자라나는 계절인 여름이 되면 농가의 사람들은 '큰 주름' 때문에 기계를 사용하기 어려운 애로사항을 무릅쓰면서도 목초 베기에 정성을 쏟고 있다. 옛날 사람들은 어째서 그런 기묘한 지형이 되었는지 짐작조차 할 수 없었다. 그래서 거인이 쟁기로 파헤친 흔적이라든지, 밤이면 밤마다 요정들이 언덕 위에 모여드는데 인간이 보지 못하게 하기 위해서 지면에 '큰 주름'을 만들었다든지 하는 등의 다양한 전설이 생겨났다.

서머힛 주에 있는 사우스 캐드베리 언덕에는 다음과 같은 이야기가 전해져 오고 있다.

'이 언덕은 지하가 빈 공간으로 되어 있어 저 유명한 아더 왕과 그 휘하의 기사들이 지금까지도 그 속에서 잠들어 있다. 만월의 밤이면 일어나 언덕 위에서 말을 달리는 일도 있다. 또 하지의 전야에는 왕과 기사들이 모두 말을 타고 마을의 교회 옆에 있는 샘물로 말에게 물을 먹이기 위해 온다'

이외에도 이러한 형태의 언덕에 얽힌 전설은 다수 존재한다.

그러나 식자들은 그것이 아주 오랜 옛날의 요새나 그와 유사한 무엇이라는 것을 오래 전부터 간파하고 있어 그것을 힐 포트라고 부르고 있었다. '언덕 요새'라는 의미다. 17세기에는 이미 힐 포트에 대한 고찰이 몇 건인가 발표되고 있다. 금세기 들어 힐 포트에 대한 조사 및 연구 활동은 급속하게 진전되었다. 그것은 제1차 세계대전 중에 개발된 항공사진에 의한 지도 작성과 관계가 있다.

제1차 세계대전 중, 서아시아에서 터키 군과 싸우고 있던 영국군은 정확한 지도가 없었기 때문에 고전하고 있었다. 그래서 마침 실용화가 이루어지고 있던 비행기를 이용해 상공에서 찍은 사진을 바탕으로 지도를 만들기 시작했다. 그러한 사진들 속에서 우연히 지금까지 알지 못했던 고대유적과 같은 것들이 다수 발견되었다. 그도 그럴 것이, 저 유명한 '아라비아의 로렌스'가 그랬던 것처럼, 서아시아에서 발굴조사에 임했던 체험이 있거나 아라비아어의 지식이 있는 젊은 고고학자들은 서아시아의 영국군에 파견되었다. 그리고 그들은 항공사진 중에서 미지의 유적으로 보이는 것들을 속속 발견해 내었다.

보드버리 힐 포트
Bodbury hill fort
영국의 카딩밀(Cardingmill)의 보드버리 골짜기에 있는 힐 포트. 언덕의 정상에 단순한 누벽을 이루고 있다.

유럽에 빠지는 즐거운 유혹 ③

사막과 초지, 농경지 등에 파묻혀 있는 유적은 지상에서는 잘 알 수가 없지만 항공사진으로 보면 옛날의 토루, 해자, 성벽, 도로 그 외의 건조물의 소재가 확실히 드러나는 경우가 많았다. 전후 이러한 방식은 영국 본토에서도 적용되어, 여기저기서 고대와 중세의 유적이 새로이 발견되거나, 이미 알려진 유적에 대해서도 폭넓게 응용되었다. 힐 포드에 대해서는 이미 소재가 확실히 알려진 경우가 많았으나 항공사진을 토대로 그 지형을 명확하게 이해할 수 있게 되었던 것이다.

우리들도 영국에서 힐 포트를 방문할 기회가 몇 번인가 있었다. 그러나 실제로 현장에 서 보면, 그야말로 지면에 '큰 주름'이 져 있다는 느낌뿐으로, 전체의 형태는 확실하게 느낄 수가 없다. 그림엽서나 해설서에 나와 있는 항공사진과 대조해 보고 나서야 겨우 전체의 구조를 확실히 알 수 있게 되는 것이다.

선사시대에 기원을 둔 언덕 위 요새를 방문하다

유럽 대륙에도 위와 아주 유사한 유적이 있기는 있으나, 영국처럼 많지는 않다. 원래는 많은 수가 존재했을 것이나 후세에 이르러 그 대부분이 파괴되었을 것으로 추측하고 있다. 그러한 요새 터에 성과 취락 등이 생기거나 식림과 경작 등으로 사용되면 애초부터 지면을 파고 흙을 쌓아 올린 형태이기 때문에 흔적도 없이 사라져 버리는 건 쉬운 일이다. 그 점에서 영국은, 먼 옛날부터 목초지로 사용되어 온 경우가 많았기 때문에 태곳적의 지형이 잘 보존된 것이다. 영국에서는 약 3,000개에 이르는 힐 포트가 발견되고 있다.

여기에서, 가장 장대한 힐 포드의 하나인 메이덴 캐슬(Maiden Castle)을 방문해 보도록 하자. 장소는 영국 서남부 도셋 지방의 도체스터

(Dorchester)라는 마을에서 가까운 곳이다. 주위가 급사면이 되어 있는 언덕으로 요새로 삼기에는 그야말로 안성맞춤인 지형이다.

언덕길을 올라가면 목초가 자라난 급사면에 '큰 주름'이 나타나 좌우로 계속해서 이어져 있는 것을 볼 수 있다. 외측의 흙을 파 내측에 쌓아 올려, 빈 해자와 토루를 한꺼번에 쌓아 올리는 토루 건축 기법이 적용되었음을 잘 알 수 있다. 이 부근은 표토 아래층이 흰색의 백아층이기 때문에 공사가 끝났을 때는 장대한 토루도 빈 해자도 온통 하얗게 보였음에 틀림없다. 산기슭에서 올려다보면 그야말로 장관이었을 것이다. 오랜 세월에 걸쳐 흙이 무너져 내려 토루는 높이가 낮아지고 빈 해자도 얕아졌을 터이나 빈 해자의 아래에 서보면 토루는 지금도 여전히 2층 건물 정도의 높이가 된다.

그러한 토루가 언덕 위를 따라 이중으로 둘러쳐져 있다. 토루가 끊어져 있는 곳에는 문이 있었을 것으로 생각되며, 그 바로 바깥 부분만은 3중, 4중으로 되어 있는 별도의 토루로 지켜지고 있다. 먼 훗날의 성과 마찬가지로 적에게 의해 일거에 문이 돌파되는 일이 없도록 궁리한 흔적일 것이다.

1934년부터 37년에 걸쳐 고고학자들이 본격적으로 발굴조사를 실시한 결과, 다음과 같은 사실들이 판명되었다. 이 언덕 위에 최초로 요새가 생긴 것은 기원전 3000년경의 신석기 시대로, 장소는 현존하고 있는 유적의 동쪽 끝에 가까운 곳이었다. 그 무렵의 빈 해자의 바닥에 쌓여있는 퇴적물에서 돌로 만들어진 도끼와 칼, 동물의 뼈와 뿔로 만들어진 다양한 도구, 토기의 파편 등이 발견되었다. 방사성 탄소에 의한 연대측정 결과, 그 요새는 어떤 이유에서인지 기원전 2000년경에 방치되어 일시적으로 전혀 사용되지 않았다는 사실을 알게 되었다.

이 언덕이 다시 요새로 이용되기 시작한 것은 기
원전 2000년경으로, 그 주인공은 기원전 6세기 무
렵에 새로이 대륙에서 건너온 켈트인(브리튼인)이었
다. 현존하고 있는 장대한 토루를 세운 것은 그들로,
그 전장은 2.5km에 이른다. 보통 힐 포트는 좀 더
작은 것이지만 이 메이덴 캐슬은 예외적이라 할 정
도로 상당히 크다. 요새라기보다는 성벽이라고 불러
야 어울린다. 지금 봐도 토루와 빈 해자는 꽤나 훌륭
한 구조인데, 당시에는 여기에 더해 토루 위에 견고
한 목책이 둘러쳐져 있었을 것이다.

마지막 토루의 내측은 널찍한 공터처럼 되어 있
다. 고고학자들은 이곳에서 주거 흔적을 발굴하고
언덕 위 한 곳이 성벽 마을이었던 것을 지적했다. 켈

메이덴 캐슬
Maiden Castle
사막과 초지, 농경지 등에
파묻혀 있는 유적은 지상에
서는 잘 알 수가 없지만 항
공사진으로 보면 확실히 드
러난다.

트인들이 이러한 성벽도시를 만드는 습관을 가지고 있었던 것은 다수의 로마시대의 기록, 예를 들면 케사르(시저)의 《갈리아 전기》에도 언급되어 있다.

기원 후 43년, 이 언덕에 비극의 날이 닥쳐왔다. 웨스파시아누스가 이끄는 로마 제2군단이 이 성채마을을 포위하고 맹공격을 가해온 것이다. 주민들은 여자와 어린아이들까지 힘을 합쳐 필사의 각오로 방어에 임했던 것 같다. 로마군은 결국 동문을 돌파하고 돌입해 들어왔다. 그 때에 파묻힌 것으로 보이는 동문 부근의 빈 해자의 바닥에서 여자아이를 포함한 다수의 인골이 발견되었다. 싸움이 끝난 후 켈트인 전사자들은 한꺼번에 동문 바깥쪽에 매장되었던 모양으로 집단묘지가 발견되었다. 그곳에서 철 화살촉이 박힌 로마군의 등뼈가 발굴되어 현재 도체스터 박물관에 전시되어 있다. 살아남은 주민은 주변의 농촌 등으로 흩어지거나 로마인이 새로이 건설한 도체스터 마을로 이주한 것으로 보인다.

그런데 위에 기술한 로마 장군 웨스파시아누스는, 훗날 팔레스티나에서 유대인의 대 반란을 진정시켜 명성을 드높인 인물이다. 그리하여 폭군 네로 사후, 수도 로마에서 계속되던 혼란을 진정시켜줄 것으로 기대했던 원로원의 추대를 받아 황제가 되었고, 저 유명한 콜로세움의 건설을 시작한 것으로도 유명하다. 메이덴 캐슬의 언덕에 몸을 의지해 로마군에 필사의 항전을 시도했던 켈트인들은, 저항할 수 없을 만큼 강력한 적과 마주했던 셈이다.

내가 이 언덕을 방문한 날은 빗발이 흩날리며 바람이 강하게 불었다. 높은 토루의 위에 올라 주변을 바라보니 불어오는 세찬 바람 속에서 켈트인들의 통곡소리가 들려오는 듯한 느낌이 들었다. 목초가 바람에 흔들리고 있었지만 많은 수의 양들은 머리를 숙이고 묵묵히 풀을 뜯고 있었다.

인간의 욕심이 탄생시킨 요새와 성

아주 대략적으로 말하자면, 구석기시대의 인간은 수렵채집에 의존하며 생활하였다. 야생동물을 사냥하거나 생선이나 조개를 잡거나 나무열매나 풀뿌리를 채집해서 식량을 조달했던 것이다. 그런 시대에는 그다지 많은 수의 인간이 집단을 이루는 것은 좋은 방법이 아니었다. 충분하게 식량을 얻지 못해 끼니를 굶을 염려가 있었기 때문이다. 적당히 소규모의 집단으로 나뉘어 별도로 행동을 하는 편이 더 나았다.

사정이 달라진 것은 신석기시대가 되어 농경과 목축이 시작되면서부터였다. 식량이 풍부해지자 아무일 하지 않아도 생계에 어려움이 없는 인간의 비율이 증가했다. 수백 명이나 수천 명 정도의 큰 집단을 이루는 것이 가능해지자, 지배하는 자와 지배당하는 자가 구분되었다. 수렵채집의 시대에는 식량 저장의 한계가 뻔했다. 타인이 비축해 놓은 것을 강탈하려는 나쁜 사람도 있었겠지만 아직 집단의 인원은 극히 소수로 요새와 같은 야단스러운 시설을 만들 필요는 없었을 것이다. 그러나 농경과 목축이 발달해 곡물이든 가축이든 가진 자들은 풍부하게 가지고 있는 것이 보편적이 되고, 또 좋은 경지와 좋은 방목지를 손에 넣고 싶다는 욕망이 높아지면서 하나의 집단이 다른 집단을 공격하는 좋지 않은 일들이 벌어지게 되었다, 고 생각해도 충분히 설득력이 있지 않을까. 이것은 곡물과 가축뿐만이 아니다. 석기시대에 들어서면서 인간은 이것저것 다양하게 손이 많이 가는 물건도 만들게 되었다. 토기와 직물 등이 그렇다. 인간은 이 시대에 처음으로 재화라고 불리는 것들을 만들어 내었다.

만약 다른 집단이 공격하여 곡물과 가축 등을 몰래 훔쳐간다면 큰일이다. 더구나 자신들이 위험에 처해 농경지와 목초지까지 빼앗기는 사태가 벌어진다면 보통 일이 아니다. 그런 두려움이 생겨나자 무슨 수를 써서라도 자위수단을 강구해 둘 필요가 있었다. 집단의 규모 또한 커졌다는 점도 작용해 이 단계에 이르러 처음으로 인간은 요새라든지 성곽 같은 시설을 구축하게 되었다고 생각해도 될 것이다. 생산력의 증대가 인간에게 강한 욕망을 생기게 하고 그 욕망이 인간에게 있어 요새와 성을 필수불가결한 요소로 만들어 버린 것이다.

상식적으로는 규모가 비교적 작은 것을 요새, 큰 것을 성이라고 부르지만, 그 사이에 명확하게 구별되는 기준이 있는 것은 아니다. 성이라는 단어로 양자를 대표해도 된다. 적의 공격을 막기 위해서 가능한 자연의 지형지물이 유리한 장소를 선택하고 그 위에 인공적인 요소를 추가해 다양한 구축물들을

성채
에페소 발굴 도시에서 약 1km 떨어진 곳에 사도요한의 무덤이 있는 고대의 성채

유럽에 빠지는 즐거운 유혹 ③

설치하고 다수의 인간이 그 안에 몸을 의지할 수 있도록 마련한 장소를 성이라고 정의할 수 있다. 이러한 성을 특히 성채라고 하는 경우가 많다.

제4장에서 상세하게 기술한 것처럼 유럽에서는 후세에 이르면 싸움을 위해서가 아니라 우아한 생활을 영위하기 위한 성관이 다수 만들어지게 된다. 이러한 성관과 구별하기 위해서도 단순하게 성이라고 부르지 않고 성채라고 해야 할 필요가 있는 경우가 적지 않다.

선사시대의 성은 모두 성채이며 고대의 성도 거의가 성채였다. 성채 중에는 마을이 있다고 할까, 마을 단위로 성채화 된 것들을 특별히 성채촌이라고 한다. 그 외에 피난 성채 또는 피난 요새라고 불리는 것들도 있다. 보통 때는 그곳에 아무도 살지 않고 경비원만이 상주하나 외적의 공격을 받았을 때 부근의 주민이 식량을 짊어지고 가축을 끌고 모두 모여들어 집단의 힘으로 방어를 꾀하던 장소이다. 유럽에서는 각지에 많은 수의 피난 요새의 유적이 발견되고 있다.

영국의 힐 포트도 대부분은 피난 요새였던 것으로 추측한다. 그곳에 주민이 상주했다고 보기에는 주거 흔적이 너무나 적은 예가 많다. 다수의 사람이 장기간에 걸쳐 생활하기 위해서는 식수 조달의 편리성이 무엇보다 중요한데, 힐 포트 중에는 그런 흔적을 찾아보기가 무척 힘들기 때문이다.

고대 오리엔트의
성벽도시

구약성서에 나오는 성벽도시 이야기

유럽에서는 성벽도시라고 해 봐야 아직 토루에 목책 정도였던 무렵, 고대 오리엔트에는 이미 돌과 벽돌로 지어진 성벽을 구비한 마을이 있었다. 이 방면에서 현재까지 발견되어 있는 최고의 성벽도시는 요르단강이 사해로 흘러드는 지점에서 15km 지점의 북서쪽에 있는 예리코(Jericho)이다. 방사성탄소에 의한 시대측정의 결과, 대개 기원전 6200년경의 신석기시대에 만들어진 것으로 추정되는 성벽과 해자가 발견되어 유적으로서 보존, 공개되고 있다. 이 태고의 성벽도시의 흔적과는 어긋난 장소이긴 히지만, 예리코는 현재에 이르기까지 도시로서 번영을 계속하고 있고, 팔레스타인 문제와 관련해 가끔씩 뉴스에 등장한다.

유럽에 빠지는 즐거운 유혹 ③

구약성서의 여호수아서 2장에서 6장에 걸쳐서는, 모세의 후계자인 여호수아가 이스라엘 사람들을 이끌고 여리고(예리코)의 성벽을 공격하는 유명한 이야기가 나온다. 그들은 가나안의 땅에 들어가려고 했으나 그러기 위해서는 먼저 여리고를 공략하지 않으면 안 되었다. 그러나 여리고는 견고한 성벽으로 지켜지고 있어 쉽사리 함락될 것 같지 않았다. 고대의 성벽도시의 구조를 잘 알게 해 주므로 구약성서의 이 부분을 잠시 읽어보도록 하자.

여호수아는 두 사람의 척후를 몰래 보내며, "가서 여리고와 그 주변을 살피라"고 명령했다. 두 사람은 라합이라는 유녀의 집에 들어가 그곳에 머물렀다. 그런데 여리고의 왕에게 "오늘밤, 이스라엘의 누군가가 이 주변을 살피기 위해 몰래 잠입해 왔습니다"라고 고하는 자가 있었기 때문에, 왕은 사람을 보내 라합에게 명령했다. "너를 찾아와 집에서 머물고 있는 자들을 내놓아라. 그들은 이 주변을 살피러 온 것이다" 여자는 서둘러 두 사람을 감싸며 이렇게 대답했다.

"틀림없이 그 자들은 저를 찾아왔으나 저는 그 자들이 어디서 온 것인지 몰랐습니다. 날이 저물고 성문이 닫힐 무렵, 그 자들은 나가버렸습니다만 어디로 갔는지는 모릅니다. 급히 쫓는다면 혹시 잡을 수 있을지도 모릅니다" 그녀는 두 사람을 옥상으로 데려가 그곳에 쌓여있던 아마의 다발 속에 감춰두었지만, 추적자들은 두 사람을 쫓아 요르단강으로 이르는 길을 따라 선착장까지 갔다. 성문은 추적자들이 나간 후 바로 닫혔다. (중략)

(밤이 되어) 라합은 두 사람을 창문을 통해 그물로 끌어내렸다. 그녀의 집은 성벽의 벽을 이용한 것으로 성벽의 내측에 살고 있었기 때문이다.

– 여호수아서 2장 –

예리코 Jericho

바로 앞이 고대의 성벽과 도시의 유적. 좌측으로 벗어난 곳에 현대의 도시가 있다.

기워전 2600년경까지 거슬러 올라가는 예리코의 성벽(좌상의 돌이 쌓인 부분)과 주거지의 유적

　　　　　　유럽에 빠지는 즐거운 유혹 ③

살펴보면, 예리코의 주민 중에서도 최하층에 속해 학대 받고 있던 사람들에게는 현 체제가 뒤집히기를 바랐던 것 같다. 성벽과 주거의 관계에 관해서인데, 지금도 유럽에는 중세에 만들어진 성벽으로 빈틈없이 둘러싸인 작은 도시와 마을들이 많이 있어, 가장 외측의 집들은 성벽과 바싹 붙어있다. 성벽의 위쪽으로 열려있는 창은, 바로 그런 집들의 창문인 것이다. 구약성서의 배경이 되는 그 옛날과 그다지 달라지지 않은 셈이다.

구약성서의 기술로 돌아가 보자. 여호수아는 척후의 보고를 통해 예리코의 마을과 성벽의 구조를 대강 알았기 때문에 드디어 성벽 공격에 착수했다. 그 작전은 상당히 독특한 것이었다.

현대의 학자들은, 여호수아가 일종의 심리작전을 구사한 것으로 생각하고 있다. 이스라엘 사람들은, 신앙의 상징인 '계약의 상자'를 중심으로 7인의 사제들이 숫양의 뿔피리를 크게 불어대며 나아가고 전군이 그 뒤를 따르며 소리를 드높이는 게 아니라 그냥 묵묵히 성벽 주변을 한 바퀴 돌고 나서 물러나는 것이었다. 그런 행동을 6일간 반복했다. 예리코 세력들은, 처음에는 적들이 몰려오는 것으로 생각해 긴장했을 것이나, 시간이 지나면서 적들의 이해할 수 없는 행동에 익숙해져 버렸는지, 그것을 바보 같다고 생각하게 되었는지, 이스라엘 사람들이 다가와도 그다지 신경을 쓰지 않게 되어버린 것 같았다.

7일째, 여호와는 아침 일찍 전군을 출발시키고, 그날은 성벽의 주위를 일곱 바퀴 돈 다음 뿔피리를 특별히 길게 불도록 해, 그것을 신호로 전군이 일제히 맹렬한 함성을 지르며 성벽으로 쇄도해 들어간 것이다. 성서에는 '일제히 함성을 지르자 성벽이 무너져 내림'이라고 되어 있다. 이것을 글자 그대로 해석해, 그 때에 때마침 지진이 일어났다고 말하는 학자도 있다. 그러나 '성벽이 무너져 내림'이라는 것은, 이스라엘 사람들의 기습이 성공했다는 것의 상징적인 표현이라고 해석하는 편이 자연스러울 것이다.

또 일곱이라는 것은, 이스라엘 사람들이 신앙과 결부시켜 상당히 좋아하는 숫자이다. 아무튼, 이렇게 해서 성벽도시 예리코는 함락되었다. 덧붙여 이스라엘 사람들이 가나안 땅에 들어간 것은 기원전 13세기의 일이다.

대영박물관에서 아시리아의 부조를 보다

대영박물관의 19, 20, 21호실에 아시리아의 수도 니네베의 왕궁 유적에서 발굴된 장대한 부조가 있다. 이들 3개의 방은 긴 복도처럼 되어 있어 양측으로 커다란 부조가 빈틈없이 전시되어 있다. 그 중에서 아시리아군이 성벽도시를 공격하고 있는 정경이 몇 점인가 있어, 당시의 무시무시한 싸움의 모습들을 잘 알 수 있다. 아시리아인은 무력 일변도였던 점으로 악명이 높으나, 그들이 개발한 혹은 집대성한 다양한 공성 방법들은 그 이후로도 거의 달라지지 않은 채로 서아시아와 유럽에서 사용되어, 중세의 말기에 대포가 출현할 때까지 이어졌다.

상기의 부조에서는 먼저 갱도작전을 볼 수 있다. 아시리아 병사들이 지면에 터널을 뚫어 성벽 아래로 기어들어가려고 하고 있다. 목재 지주를 세우면서 터널을 파 나아가 마지막에는 불을 질러 지주를 태우고 터널을 무너뜨려 성벽을 붕괴시키려 하는 것이다.

공성용 노(櫓-성루, 망대)도 출동하고 있다. 아래에는 차륜이 붙어 있어 움직일 수 있도록 되어 있고, 그 위로 목조로 된 키 높은 노를 연결시키고 있다. 일본의 마츠리에서 자주 볼 수 있는 다시[山車]를 더욱 높고 더욱 견고하게 만든 것이라고 생각하면 될 것이다. 그것을 성벽에 접근시켜 성

벽과 같은 높이나 혹은 더욱 높은 위치에서 공격을
가하고자 하는 것이다. 무거운 공성노를 밀어 붙이기
전에 먼저 지면을 단단하게 만들어 두고 해자를 메우
는 등의 공작도 행했다. 수비하는 측에서는 성벽의
위에서 불붙은 횃불을 던지거나, 불화살을 쏘거나,
잘 타는 섶 등을 던지거나 해서 공성노를 불태워버리
려 했다. 그에 대해 공격 측에서는 공성노의 주위를
동물의 생가죽으로 빈틈없이 둘러놓고 안에서 물을
뿌려 불에 타는 것을 방지했다.

아시리아가 이미 파성퇴를 사용하고 있었다는 것
도 이들 부조를 통해 알 수 있다. 공성노와 많이 닮
은 물체의 중간쯤에서부터 불쑥 튀어 나와 있는 커
다란 통나무와 같은 것이 그것이다. 끝부분에는 튼
튼한 쇳덩어리가 달려 있어 전체를 당목처럼 흔들며
움직여 쾅, 쾅 하고 성벽을 찍어 무너뜨리는 것이다.
아시리아는 공성노와 파성퇴가 콤비를 이루고 있는
것과 파성퇴만인 것을 겸비하고 있었다.

또 아시리아의 부조에는 나타나 있지 않지만 좀

성의 역사를 거슬러 올라가면

더 후대가 되면 공성노의 위로부터 도교를 걸치고 성벽 위로 기어오르려는 시도가 많이 나타났다. 도교의 끝부분에는 커다란 철구가 매달려 있는데 이것은 성벽에서 벗어나지 않기 위한 것이다.

마지막으로 성벽 아래에서 열심히 활을 쏘아대는 궁병의 보호 아래 성벽에 사다리를 걸치고 방패와 창을 휘두르며 돌입하려고 하는 병사들의 모습이 보인다. 이것은 성을 공략하기 위해 만들어진 특별히 긴 사다리로, 운제라고도 불린다.

아시리아 특유의 무력지상주의가 노골적으로 드러나고 있는 부조이기는 하지만 사료로서는 아주 흥미롭다. 기원전 8세기부터 7세기에 걸친 작품이다.

그리스 로마시대의
성과 성벽도시

케라미코스에서 아테네의 성벽과 성문의 자취를 보다

아테네의 중심에 솟아있는 아크로폴리스의 언덕에서 북서로 1킬로 정도 떨어진 지점에 케라미코스(Keramikos)라는 고대묘지의 유적이 있다. 케라미코스 즉 '도기' 라는 지명은, 옛날 이 부근에서 양질의 도자기 흙이 산출되어, 도기 공방이 많이 있었던 것에서 유래한다. 지금은 발굴 및 정비되어, 훌륭한 조각이 붙어있는 그리스·로마시대의 묘지가 상당히 잘 보존되어 있다. 그러나 도난을 피하기 위해서 국립고고학 박물관으로 이전되어 현지에는 복제로 된 조각품이 놓여 있는 곳도 많다.

페르시아와의 전쟁을 승리로 이끈 것으로 유명한 테미스토클레스(Temistocles)의 시대에는 아테네의 시가지를 둘러싼 성벽이 이곳에 있

케라미코스 유적
케라미코스의 고대묘지와
성벽, 성문의 유적은 수풀
이 무성하게 돋아 있는 정
숙한 풍경으로, 도저히 대
도시의 한 가운데 있다고
는 생각할 수 없다.

었다. 고대의 성벽도시는 어디든 모두 같았지만, 성
벽의 내측에 묘지를 만드는 것은 엄격하게 금지되어
있었다. 성벽 내측의 토지에는 한계가 있어, 극도로
귀중했다는 것이 제일의 이유였고, 공중위생을 위한
배려가 제이의 이유였다. 병사자를 성벽 내의 협소한
토지에 매장하면 전염병의 근원이 될 위험이 있다는
것을 고대인들도 경험을 통해 알고 있었기 때문이다.
그런 이유로 케라미코스의 묘지 또한 성벽의 바로 밖
에 만들어져 있다.

그래서 고고학자들은 이 묘지를 발굴했을 때 묘지
에 이어져 있던 대규모의 성벽과 성문의 소재를 명백
히 했다. 기원전 404년의 펠로폰네소스 전쟁에서 아
테네가 패배한 후, 아테네의 성벽도 성문도 철거되어

버렸지만, 가장 아래 부분만은 폐허의 아래에 파묻힌 채로 멀쩡하게 남아 있었던 것이다. 그럼에도 전성기를 구가하던 시대의 아테네의 성벽과 성문이 어느 정도의 규모를 지니고 있었는지 충분히 추측이 가능하다. 이곳에는 문이 2개 있는데, 하나는 성(聖)문이라고 불리며 제사가 있을 때만 사용되었다. 또 하나는 디퓨론 즉 이중문이라고 불려, 엄중하게 방비되며 아테네 시가지로 통하는 중요한 출입문의 하나가 되고 있었다.

케라미코스의 고대묘지와 성벽, 성문의 유적은 수풀이 무성하게 돋아 있는 정숙한 풍경으로, 도저히 대도시의 한 가운데 있다고는 생각할 수 없다. 아크로폴리스와 같이 항상 관광객으로 붐비고 있는 장소와는 또 다른 맛이 있어, 유적을 감상하기에 적합한 장소이다.

파에스툼에 남아있는 그리스 성벽도시 유적

그리스는 산이 많고 농지가 부족하다. 인구가 늘어나 생활이 어려워진 그리스인들은 기원전 750년경부터 기원전 550년에 걸쳐 속속 지중해 연안의 각지로 진출해 식민지를 만들었다. 당시의 그리스는 다수의 폴리스로 나뉘져 있어 식민 활동도 폴리스 단독으로 이뤄졌다. 이렇게 해서 생겨난 식민지는, 모체가 되는 본국의 폴리스와 밀접한 관계에 있었지만 결코 종속된 형태가 아니라 완전히 독립된 하나의 폴리스였다.

나폴리에서 동남쪽으로 95km 정도 떨어진 곳에 있는 파에스툼(Paestum)도, 그러한 그리스인의 식민도시로, 기원전 600년경에 만들어졌다. 당시의 도시 이름은 포세이도니아로, 해신 포세이돈에서 유래한 이름이었다. 훗날 내륙에서 진출해 온 루카니아인에 정복되어 도시 이름이 파에스툼으로 바뀌고, 지금까지 그렇게 불리고 있다.

파에스툼은 주변에서 광대한 농지를 개발하고, 또 바다와 육지에 걸친 지형의 이점을 살린 교역을 통해 크게 번영했다. 그 전성시대는 기원전 6세기에서 기원전 4세기에 걸친 기간으로, 지금까지 남아있는 3개의 장대한 신전과 전장 4.75km에 이르는 훌륭한 성벽이 그 번영의 정도를 말해주고 있다. 기원전 273년에는 로마의 세력이 이 부근까지 뻗어와, 파에스툼은 로마의 동맹도시라는 자격으로 그 산하에 편입되었지만, 도시로서의 번영에 흔들림은 없었다.

그런데 고대 말기부터 이 지역은 극심한 말라리아로 9세기에는 결국이 도시를 완전히 방치하고 내륙으로 이주해 버렸다. 파에스툼은 해안에서 셀레강을 조금 거슬러 올라간 지점에 위치하고 있었는데, 다수의 상선과 군함을 건조하기 위해서 수백 년에 걸쳐 상류 지역에서 나무를 계속해베어 온 결과, 산이 헐벗게 되어 홍수가 수시로 일어나게 되었다. 그래서하구 부근의 지형이 변해, 주변일대가 습지가 되어버린 것이다. 지금은배수공사가 진행되어, 주변은 다시 숲이 우거진 농지로 변해 있다.

이처럼, 적에 의해 멸망된 것이 아니고, 자연의 대재앙에 의한 것도 아닌데도, 그때까지 번영해 왔던 마을 전체가 그대로 방치되어, 아무도 살지 않게 된 점이, 이 파에스툼의 도시유적에 독특한 성격을 부여하고 있다. 장대한 신전과 성벽 등이, 물론 긴 세월 동안 상당히 붕괴되고는 있지만, 바로 얼마 전까지 주민이 그곳에 살고 있었던 듯한 느낌을 간직한 채로, 용케도 남아있는 것이다. 유적에 부속되어 있는 박물관의 수집품이훌륭하다는 이유도 있고 해서, 남 이탈리아 여행에서 반드시 가보아야 할장소가 되었다.

그런 까닭으로 이곳에서는 고대 그리스인이 세운 도시와 성벽을 거의완전에 가까운 모습으로 볼 수 있다. 당초의 성벽은 현재의 1/3 정도의 길이로 지금 3개의 큰 신전이 있는 부근을 둘러싸고 있다. 그 후, 도시의 영

역은 동서로 확장되어 성벽의 전장은 기원전 4세기에 현재와 같은 4.75km가 되었다. 전체의 형태가 약간 불규칙한 것은 딱 이 지점 정도에 넓게 노출되어 있는 석회암의 암반을 성벽의 기초 대신으로 이용했기 때문이다. 애초에 식민개척자들이 처음 셀레 강변의 이 땅을 선택한 이유도 이 암반의 존재가 시가지를 만들기에 적합한 조건이라고 생각했기 때문임에 틀림없다. 지금의 셀레 강은 유로가 바뀌어 훨씬 북쪽을 흐르고 있다.

성벽은 잘라낸 돌을 규칙적으로 쌓아 올린 것으로 높이는 가장 높은 곳이 15m 정도 되며 폭은 5m에서 7m 정도이다. 쌓인 돌 아래로 천연암반이 보이는 것도 많다. 원래는 깊은 해자를 두르고 있었지만 지금

파에스툼 Paestum
나폴리에서 동남쪽으로 95킬로 정도 떨어진 곳에 있는 파에스툼. 지금까지 남아있는 3개의 장대한 신전과 전장 4.75km에 이르는 훌륭한 성벽이 그 번영의 정도를 말해주고 있다.

은 토사에 파묻혀 그 위로 풀들이 자라 있기 때문에 성벽은 실제보다 많이 낮아 보인다. 전부 24개의 원탑과 각탑이 있어 그 옛날에는 망루의 역할을 했던 것으로 생각되나 현재 윗부분은 모두 붕괴되어 있다. 성문은 동서남북에 각각 하나씩 있다. 역시 윗부분은 붕괴되어 있지만 일본의 성과 마찬가지 형태로 만들어져 있음을 잘 알 수 있다.

이 외에도 파에스툼에는 로마시대에 만들어진 공공광장을 둘러싸고 다양한 건조물과 원형투기장 등 수많은 유적들이 있다. 그리고 고대 도시 영역의 약 3/4은 지금도 미 발굴 상태로 후세에 만들어진 민가와 농경지 아래에 파묻힌 채로 남아있다.

로마시대의 성과 성벽도시의 흔적을 방문하다

로마인은 유럽 각지에 다수의 성과 성벽도시를 만들었다. 서로마제국의 멸망과 게르만인의 대이동에 의한 혼란 와중에 그것들은 일단 멸망했지만 중세에 들어 똑같은 위치에 성과 도시가 재건된 경우가 많아, 그 때문에 오히려 로마시대의 자취는 흐트러지고 파괴가 진행되어 버렸다. 바꿔 말하면 로마인은 성과 도시의 입지를 고르는 데 있어서 매우 뛰어난 식견을 지니고 있었다는 이야기가 된다. 후세의 인간에게도 '성을 세운다면 바로 이곳', '도시를 건설한다면 여기가 최고'라고 생각하게 만든 것이다.

중세에 생긴 성의 기부를 발굴조사 해 본 결과, 가장 아래 부분에서 로마시대의 돌담이 드러난 예는 매우 많다. 도시의 경우는 발굴조사를 기다릴 것도 없이 지상에 건조물의 자취가 있거나 어떠한 형태로든 문서에 의한 기록이 남아있거나 하는 이유로 로마시대에 기원을 둔 것인지 어떤지 명백한 경우가 보통이다.

로마의 속주에서는 군단의 본대와 분견대의 주둔지가 지방행정의 중심지이기도 했다. 로마는 넓은 영토의 전역에 걸쳐 간선도로를 정비하고 교통의 요충지에 군단을 주둔시켜 두고 위기상황 시에는 그 간선도로를 이용해 군단을 급파하는 정책을 취하고 있었다. 따라서 군단의 주둔지는 지방행정의 중심지인 동시에 교통의 요지이기도 했다. 그 위에 치안도 좋고 군대라는 큰 소비집단을 거느리고 있었기 때문에, 예부터 다수의 상인과 그 외의 사람들이 모여들었다. 그런 까닭으로 군단의 주둔지는 처음에는 허허벌판이었다고 해도 어느 사이엔가 활기가 넘치는 도시로 발전하게 되는 것은 당연한 흐름이었다.

군단은 본대도 분견대도 반드시 성채화된 지영을 구축하고 그곳에 기거하는 것이 로마군의 원칙이었다. 로마 시 남부 외곽의 에우르에 있는 로마문명박물관에는 그를 보여주는 흥미로운 전시물이 있다. 이러한 진영은 라틴어로 카스트룸(castrum), 복수형으로는 카스트라(castra) 라고 불렀다. 그것이 주둔지 그 자체의 지명이 되어 현재도 도시의 이름으로서 남아있는 예가 많다. 영국에는 특별히 많아서 랭커스터, 돈커스터, 튜스터, 콜체스터, 맨체스터, 윈체스터, 도체스터 등이 모두 그러하다.

특히 체스터는 관광여행을 갈 때 자주 들르는 도시인데 붕괴된 로마시대의 성벽과 똑같은 위치에 중세에 들어 다시 세워진 성벽이 남아있어 그 위를 걸어서 일주할 수 있다. 성벽은 동서남북에 각각 하나씩 설치되어 있는 성문의 위치와 그것을 기준으로 한 도로의 배치 등도 로마시대 그대로이다.

그 외의 대표적인 예로서는, 영국의 요크, 프랑스의 카르카손, 스페인의 아빌라 등지에도 로마시대의 성벽의 일부가 후세의 보수를 거쳐 남아있다. 물론 로마시대의 성벽을 말하자면 종갓집 격인 로마시의 성벽을 빼놓을 수 없다.

아빌라 성벽 Avila wall

스페인 아빌라의 성벽과 성문은 중세에 보수되었지만 로마시대의 장대한 규모를 지금도 전하고 있다.

유럽에 빠지는 즐거운 유혹 ③

로마에서 가장 오래된 세르비우스의 성벽

항공편으로 로마에 도착한 사람이 시내에 들어설 때 가장 먼저 눈에 보이는 고대유적은 구시가지를 감싸고 있는 장대한 성벽과 성 파올로 문이라고 불리는 성문이다. 붉은 빛이 감도는 돌과 벽돌로 지어진 성벽과 성문의 위용은, 밤이 되면 조명 속에서 뚜렷하게 부각되어 보는 이로 하여금 드디어 영원의 도시 로마로 진입한다는 감개무량을 느끼게 해준다.

이 성벽은 고대 로마의 긴 역사 속에서는 비교적 새로운 것이다. 로마 제국에 쇠퇴의 조짐이 보이기 시작하자, 이민족에게 공격당할 위험이 생길 것을 인지하여 황제 아우렐리아누스가 271년경부터 5년여에 걸쳐 쌓아 올린 성벽이다. 그래서 아우렐리아누스의 성벽이라고 불리며 그 후로도 보수가 반복되어 지금도 구시가지를 휘감고 있다. 또 티베르 강 서쪽 방면의 성벽은 후세에 대폭 확장되었다.

예를 들면, 공항에서 시내로 이르는 북쪽 가장자리에 위치한 호텔로 가는 경우에는 앞서 기술한 내용과는 다르게 성 파올로 문의 옆을 통과하지 않고 자니콜로 언덕의 기슭에 있는 성벽을 따라 간다. 이 부근은 교황 우르바누스 8세가 17세기에 새로이 확장시킨 부분이다.

고대로마의 전성기에는 수도 로마에 성벽은 없었다. 오래 전부터 있었던 낡은 성벽을 기원전 40년대에 케사르가 거의 대부분 철거해버렸기 때문이다. 당시는 수도 로마가 외적에게 공격당하는 일 따위는 상상조차 할 수 없었을 뿐 아니라 성벽 같은 것은 교통에 방해만 된다는 이유에서였다.

케사르가 철거해버린 이 오래된 성벽은 세르비우스의 성벽이라고 불려, 전승되는 이야기에 의하면 로마가 아직 왕정이었던 시대에 6번째 왕 세르비우스가 〈로마의 일곱 언덕〉을 감싸는 듯한 형태로 만든 것으로 여겨지고 있다. 기원전 6세기의 일이다. 세르비우스가 만들었다는 당초의

세르비우스 성벽
테르미니 근처에 남아 있는
세르비우스 성벽

성벽은 아무래도 토루에 목책을 걸친 정도였던 듯하다.

기원전 390년, 로마인은 북쪽으로부터 대거 침공해 온 갈리아인(켈트인)과 싸워 대패하고 세르비우스의 성벽은 돌파당해 버렸다. 최후에는 요새화된 카피트리누스의 언덕에 몸을 피했지만 식량은 떨어지고 마실 물조차 고갈되어 결국은 굴욕적인 조건으로 강화를 맺지 않을 수 없었다.

이에 분노한 로마인들은 기원전 378년에 공사를 시작해 기존의 성벽을 전면적으로 개축하고 견고한 석조구조물로 쌓아 올렸다. 이렇듯 성벽 그 자체는 다시 태어났지만 세르비우스의 성벽이라는 이름은 그대로 남았다.

이 사실을 밝혀낸 것은 스웨덴의 고고학자 제프룬드로, 1932년에 세르비우스의 성벽 자취를 전체에 걸쳐 상세하게 조사했다. 그 결과, 전장 약 80km, 개축 후의 높이는 약 5m, 두께는 약 4.5m였다는 사실을 알게 되었다. 개축 후 160년 정도가 지난 후, 강적 한니발이 로마의 코앞까지 쳐들어 왔을 때, 이 성벽이 위력을 발휘해 한니발은 결국 공격을 멈추고 철수해

유럽에 빠지는 즐거운 유혹③

버린 것이었다.

이러한 유래를 가진 세르비우스의 성벽은 지금도 시내 곳곳에 그 흔적을 남기고 있다. 케사르가 이것을 철거했을 때, 경사면의 토양 유실을 방지하는 역할을 하던 부분이나 어떤 건조물과 연결되어 있던 부분은 그대로 남겨두었기 때문이다. 테르미니 역전 광장의 일각에 있는 성벽의 자취도 그 중 하나. 관광객들이 많이 찾는 장소에서 가깝고 거기다 성벽다운 풍취가 잘 남아있는 것은 틸코 마시모와 성 바울 문의 중간 정도에서 북쪽에 위치한 성 안젤모(Via di Sant' Anselmo)이다. 이곳은 〈로마의 일곱 언덕〉의 하나인 아벤티노 언덕의 남쪽 경사면에 해당한다.

로마에 현존하는 아우렐리아누스의 성벽

다음은 앞서 기술한 것처럼 아우렐리아누스가 기원전 3세기에 새로이 구축한 성벽을 살펴 보자. 당초는 전장 약 18km로, 높이는 지형에 맞춰 6m에서 10m 정도, 두께는 3.5m에서 4m 정도였다. 방어력을 높이기 위해, 특히 적병이 성벽 바로 아래에 접근했을 때 사각을 없애기 위해 합계 381개에 이르는 탑이 약 30미터 간격으로 만들어졌다. 이 간격은 로마군의 발사 장비가 최대한 효과를 발휘할 수 있는 거리를 염두에 둔 것이다.

이 정도로 장대한 성벽이 겨우 5년 남짓에 완성된 것은 무엇보다 황제 아우렐리아누스의 강력한 지도력의 결정체였다. 그 대신, 성벽을 신속하게 건축하는 데 도움이 되는 것이라면 무엇이든 이용되었다. 기존의 건조물을 가리지 않고 무엇이든지 성벽의 일부에 집어넣은 것도 그 중 하나. 가장 좋은 예는 성 바울 문의 바로 왼쪽에 있는 피라미드이다. 이것은 기원전 1세기에 만들어진 케스티우스의 호화로운 묘로, 백색 대리석에 의해 아름답게 단장되어 있었음에도 불구하고 검붉은 성벽에 박혀 있는 모습은 정말로 기묘하다.

이 성벽이 완성되고 125년 정도가 지나 5세기에 들어서자 로마가 이민족에게 공격당할 위험성이 절실한 문제로 대두되었다. 그래서 황제 호놀리우스는 402년에 이 성벽을 전면적으로 증강시키는 공사에 착수했다. 높이는 대체로 12미터 정도에서 15미터 정도가 되었고 특히 적에게 돌파당하기 쉬운 성문은 양측에 커다란 탑을 세운 견고한 구조로 개량되었다.

최초의 위기는 408년에 닥쳐왔다. 족장 아렐릭이 이끄는 서 고트 족이 쳐들어 온 것이다. 아렐릭은 성벽 위에 늘어서 있는 수비병들을 보고, '듬성듬성 돋은 풀보다 빽빽하게 돋은 풀이 베기 쉽다'고 엄포를 놓았지만, 그 당시에는 배상금을 뜯어내기만 하고 철수했다. 그러나 410년에 다시 쳐들어와, 이번에는 내통자가 생겨나 야음을 틈타 성벽의 동북부에 있는 사랄리아 문을 내부로부터 열게 해, 손쉽게 시내로 들어왔다. 그 무렵 로마의 주민구성은 복잡함의 극치로, 수비병 중에는 다수의 게르만인도 있었다.

수비병은 '무모한 저항은 않겠다'라는 듯 사방으로 흩어져버려, 시내에서는 3일간에 걸쳐 서 고트족의 약탈이 행해졌다. 영원의 도시 로마가 적군의 손에 떨어진 것은 기원 전 390년 갈리아인에 점령된 이후 약 800년 만의 일이었다. 사람들이 '말세로다'라고 한탄한 것도 무리는 아니었다.

455년에는 족장 가이세릭이 이끄는 반달족이 침입했다. 그들은 얼굴과 창을 검게 칠하고 야음을 틈타 성벽을 급습해 돌파했다.

제아무리 견고한 성벽이라도 빈틈없이 수비하는 병사가 없다면 거의 쓸모가 없는 것이다. 서 고트족이 비교적 신사적이었던 것과 다르게 반달족은 14일간에 걸쳐 약탈, 파괴, 폭행, 살상의 극치를 이뤘다. 그러고는 무수한 수레에 재보를 산처럼 싣고, 노예로 삼기 위한 여자와 어린아이와 몸값을 받기 위한 귀인 등을 합쳐 수천 명을 포로로 해 로마의 외항 오스티아에 대기하고 있던 선단을 타고 철수했다.

아우렐리아누스의 성벽과 성문을 방문하다

서 고트족과 반달족이 쳐들어왔을 때는 도움이 되지 않았지만 성벽 그 자체가 파괴되지 않았기 때문에 아우렐리아누스의 성벽은 그 후로도 1400년 이상에 걸쳐 로마 방위를 위한 중요한 거점이었다. 그렇게 수시로 보수를 거쳐 현재에 이르고 있다. 단, 티베르 강에 면한 구간은 후세에 강안을 따라 넓은 도로를 만들기 위해 철거되어 버렸다. 또 티베르 강의 서부에 있는 트라스티베르 지구는, 교황 우르바누스 8세가 성벽을 확장했기 때문에 아우렐리아누스의 성벽에서 불필요하게 된 부

케스티우스의 피라미드
기원전 1세기에 만들어진 케스티우스의 호화로운 묘로, 백색 대리석에 의해 아름답게 단장되어 있었음에도 불구하고 검붉은 아우렐리아누스의 성벽에 박혀 있는 모습은 정말로 기묘하다. 오른쪽의 건물은 성 바울문

분은 대규모로 철거되어 버렸다. 지금은 당초의 약 2/3에 해당하는 12킬로 정도의 구간이 남아있고 그 사이에 성문이 15개 존재한다. 지금까지 성문의 기능을 수행하고 있는 것은 불과 9개에 지나지 않는다.

그 중에서도 호놀리우스가 견고한 성문으로 만든 당시의 풍취가 잘 보존되어 있어 사진 찍기에 좋은 곳은 남측에 있는 성 바제스티노 문이다. 유명한 아피아 가도가 이 문을 통과하고 있으며, 고대에는 이를 아피아 문이라고 불렀다. 활을 맞고 순교한 것으로 명성이 높은 성 세바스티아노 는, 이 가도에서 조금 더 나아간 지점인 카타쿰바에 묻혀 있어, 옛날에는 많은 수의 순례자가 찾아왔다. 그래서 아피아 문이라는 이름이 성 세바스티아노 문으로 개명된 것이다.

이 문의 위쪽에는, 지금은 무라성벽박물관(Museo delle Mura)이 되어 로마의 성벽 전반에 대해 간단하게 전시되어 있다. 전시를 보고 난 다음에는 성벽 위로 나와 서쪽의 아르디아티나 문까지 500m 정도 사이의 성벽 위를 걸어가 볼 수 있다. 이것은 성과 성벽의 애호가에게 있어서는 상당히 매력적인 일이 될 것이다.

명칭에 대해서는 다른 문도 사정이 비슷하다. 북측에 있는 포포로 문은, 이것 역시 유명한 플라미니아 가도가 지나고 있고, 고대에는 플라미니아 문이라고 불렀다. 15세기에 문 바로 안쪽에 산타마리아 델레 포포로라는 교회가 세워지고 난 다음, 문의 이름도 포포로 문으로 개명된 것이다.

앞서 기술한 것처럼 공항으로 왕래하는 도상에서 자주 지나치는 성 바울 문은, 로마의 외항 오스티아로 가는 오스티엔시스 가도가 지나고 있고, 고대에는 오스티엔시스 문이라고 불렸다. 사도 바울이 순교하여 이 가도에 면해 있는 묘지에 묻히고, 훗날 그 위에 성 바울 대성당이 생겼기 때문에 문의 이름도 성 바울 문으로 개명된 것이다.

동북측에 있는 사랄리아 문은, 로마에서도 가장 오래된 사랄리아 가도가 지나고 있고, 고대부터 이 이름이 있었지만 지금도 사랄리아 문이라고 불리고 있다. 이처럼 고대에 사용되던 이름이 그대로 남아있는 예는 그 외에도 더 있다.

그런데 플라미니아 문은, 명칭이 포포로 문으로 개명됐을 뿐만이 아니라 구조도 완전히 바뀌어 버렸다. 1560년대에 교황 피우스 4세에 의해 르네상스 풍의 장식적인 문으로 개축된 것이다. 방비가 삼엄한 성문이었던 때의 잔영은 전혀 남아있지 않다. 사랄리아 문보다 한 칸 동쪽으로 치우쳐 있는 피아 문(고대 명;노멘타나 문)도 역시 교황 피우스 4세의 의뢰에 따라 미켈란젤로가 장식적인 문으로 개축한 것으로 알려져 있다.

 파성퇴

로마군은 적의 성벽을 돌파하기 위한 결정적인 수단으로서 매우 커다란 파성퇴를 즐겨 사용했다. 요세프스의 《유대전기》에는 그 모습이 상세하게 기술되어 있다. 어떤 견고한 성벽이라도 로마군의 거대한 파성퇴로 쾅쾅 두들겨대면 하루나 기껏해야 이틀 정도 사이에 무너져, 돌파구가 생겨 버리는 것이 보통이었다.

파성퇴가 거대하면 할수록 그것을 싣고 조작하기 위한 노도 큰 규모를 필요로 했다. 로마군은 먼저 성벽 앞에 흙을 쌓아 올리고 단단하게 만든 다음 그것을 토대로 해서 목제의 튼튼한 노를 구축했다. 재목은 전부 현지조달로써 부근의 쓸만한 나무들을 남김없이 베어서 사용했다. 예루살렘 공략전 당시에는 부근의 나무가 한 그루가 남지 않아 결국은 수십 킬로나 떨어져 있는 곳에 있는 나무까지 베어내어 운반해 왔다. 그 때문에 원래부터 비가 적게 와 산림이 부족했던 지역이 더욱 황량한 풍경으로 변해버렸다. 다수의 병사가 순번을 정해 작업에 임했음에도 최종적으로 파성퇴를 끌어 올려 조작이 가능하게 만들기까지 약 1개월이 소요되었다고 《유대전기》는 전한다.

수비하는 측에서는 나무로 만들어진 파성퇴를 불태워 버리는 것이 가장 좋은 방법이었다. 유대인들도 처음에는 성벽의 위에서 불화살을 쏘아 보았으나 그것이 소용없다는 것을 알고 결사의 각오로 출격해 노에 불을 지르려 했다. 그때마다 로마군의 강력한 반격이 있어 출격했던 자들은 대부분 전멸을 면치 못했으나, 단 한 번 로마군을 압도하고 노를 완전히 불태워버리는 데 성공했다. 그러나 로마군은 다시 1개월에 걸쳐 노를 재건한 후, 이번에는 성벽을 돌파해 버렸다.

2

중세의 성을 방문하다

성 만들기에 투여된 열정과 지혜를 현존하는 성을 통해 탐구

모트 베일리에서
석조 성으로

토루와 목책, 목조 탑에서 재출발

게르만인의 대이동과 서 로마제국 멸망에 의한 혼란이 지나고, 로마인들이 쌓아 올린 여러 다양한 제도와 기술은 대부분 상실되어 버렸다. 토목건축기술도 그랬다. 원래 게르만인에게는 본격적인 성을 만드는 관습이 없었던 점도 작용해 알프스 이북의 유럽에서 다시 한번 본격적으로 성이 세워지기 시작한 것은 중세의 절반이 지난 11세기 무렵부터였다. 그것도 로마 시대의 성과 같은 돌과 벽돌로 만들어진 것이 아니라 거의 대부분이 조악한 토루와 목책을 둘러치거나, 목조탑을 설치한 것에 지나지 않았다.

이러한 성은 모트 베일리 양식이라고 불려, 프랑스에서 시작되어 영국과 독일 등지로 퍼졌다. 모트(motte)는 프랑스어로 '흙더미, 작은 산'이라는 의미이고 베일리(bailey)는 고대 프랑스어로 '목책, 울타리, 얼개' 라는 의미의 'baille' 에서 유래했다.

그림과 같이 모트는 흙을 상당한 높이까지 급경사를 이루도록 쌓아 올린 것으로 상부에는 엄중한 목책을 둘러치고 목조 탑과 집을 지어 영주와 그 가족, 심복인 가신들이 살았다. 막상 싸움이 벌어지면 높고 전망의 확보에 유리한 모트는 방어를 지휘하는 장소가 되었음에 틀림없다. 또 외곽에 있는 베일리를 적에게 돌파 당했을 때는 전원이 모트로 몸을 피했을 것이다. 농성에 견딜 수 있도록 모트의 위에는 깊은 우물이 마련되어 있던 실례가 다수 발견되었다. 또

모트 베일리 motte bailey
모트는 흙을 상당한 높이까지 급경사를 이루도록 쌓아 올린 것으로 상부에는 엄중한 목책을 둘러치고 목조 탑과 집을 지어 영주와 그 가족, 심복인 가신들이 살았다.

모트는 해자에 둘러싸여, 입구는 하나밖에 없으며 그곳에는 도개교가 걸쳐져 있었다. 또 외부에서 직접 모트로 들어오는 것은 불가능해 반드시 베일리를 통하지 않으면 안되도록 되어 있다. 모트는 흙을 쌓아 올려 만드는 것이 보통이었지만 지형에 따라서는 거꾸로 주위의 흙을 파내고 만들었다. 가늘고 긴 대지(plateau)의 끝부분을 이용하는 경우가 그러해서, 나중에 설명할 윈저 성에 남아있는 모트는 그 좋은 예이다.

베일리는 그림과 같이 해자와 토루와 목책을 둘러치고, 입구에는 다리를 걸쳐 문이 있는 부분만은 도개교로 되어 있다. 모트와는 다르게 넓은 면적을 확보할 수 있었기 때문에 이곳에 기사, 병사와 고용인들의 집, 마구간, 가축우리, 창고 등을 건설했다. 양곡도 만일의 경우를 대비해서 모트 위에 저장해 놓은 것 이외에는 베일리에 있는 창고에 넣어 두었을 것이다.

이 앞에서 영주는 모트의 위에서 살고 있다고 썼지만 언제나 꼭 그랬던 것은 아니었던 것 같다. 모트의 위에 있는 목조탑과 집은 원래 싸움에 대비한 것으로 주거성은 좋지 않다. 별도로 관저를 마련해두고 특별한 위험이 없는 경우에는 그곳에 살다가 위험이 예상되는 때에 한해 모트의 위에서 사는 경우도 많았을 것이다.

이민족 침공의 위험에 노출되어 있던 변경의 땅에서는, 베일리를 넓게 만들어 두고 적이 습격해 왔을 때에 부근의 주민을 그 안으로 피난시키는 일도 자주 있었다. 일종의 피난 요새인 것이다.

지금도 남아있는 모트의 실례를 보다

모트와 베일리는 중세 성의 원점이 된 구조물로, 그 후 차츰 돌과 벽돌과 같은 견고한 구조로 발전해 갔다. 모트 베일리 양식의 성은, 유럽대륙에는 원형을 유지하고 있는 것이 적은 데 비해 영국에는 다수가 남아있다. 단 베일리는 흔적도 없이 사라지고 모트만이 초목이 무성하게 돋아난 낮은 산처럼 되어 있거나 석조 성의 일부가 되어 있는 것이 대부분이다. 여행으로 자주 찾는 곳에서는 대학도시로서 유명한 캠브리지에 캐슬 힐(Castle Hill), 마찬가지로 옥스포드에 캐슬 마운드(Castle Mound)라는 것이 있어 초목이 무성하게 자라난 작은 산처럼 되어 있는데, 그 형태로 보나 또 캐슬이라는 이름에서보나 커다란 모트임을 확실히 알 수 있다. 셰익스피어가 태어난 곳으로 유명한 스트랫포드 근처

클리포드 타워
Clifford's Tower
이것을 보면, 모트라는 것이 원래 어떤 모습을 하고 있는지, 아래로부터 올려다 보면 어떤 느낌인지를 잘 알 수 있다.

밀마운트 타워
Millmount Tower
당초의 탑은 목조였으나
석조로 개축되고 해자도
대부분 메워져 있다. 그러
나 모트 그 자체의 모습은
실로 말짱하게 남아있다.

에 있는 워윅 성(Warwick Castle)에서는 멋진 모트
가 외성벽의 일부가 되어 남아있다.

모트의 실례로서 가장 좋은 것은, 요크의 클리포드
타워(Clifford's Tower)이다. 이것을 보면, 모트라는
것이 원래 어떤 모습을 하고 있는지, 아래로부터 올
려다 보면 어떤 느낌인지를 잘 알 수 있다. 지금도 상
당히 높다는 느낌을 받는데, 원래는 해자가 둘러쳐져
있었으니까 실제로는 더욱 높았던 셈이다. 11세기에
만들어졌을 당시의 목조 탑 대신, 14세기 초에 건축
된 석조 탑이 모트의 위에 우뚝 솟아 있다. 이 탑은
아래에서 보면 약간 비뚤어진 원탑처럼 보이지만, 실
제로는 네 잎 클로버 모양을 하고 있다.

아일랜드의 드로헤다에 있는 밀마운트(Millmount)도, 모트 창건 당시의 모습을 잘 알 수 있는 좋은 예이다. 이곳에서도 클리포드 타워와 마찬가지로, 당초의 탑은 목조였으나 석조로 개축되고 해자도 대부분 메워져 있다. 그러나 모트 그 자체의 모습은 실로 말짱하게 남아 있다.

대륙 쪽에 남아있는 예로서는, 네덜란드의 라이덴에 있는 부르크트(Burcht)가 흥미를 끈다. '부르크트'란 네덜란드어로 '성'이라는 의미. 라인강의 구 지류와 신 지류의 분기점을 내려다보는 위치에 있어, 그 옛날에는 교통과 군사의 요지였다. 그렇다고는 해도 이 정도로 대규모의 모트를 건축하기 위해서는 흙을 운반하는 작업만으로도 보통 일이 아니었을 것이다. 모트의 위에는 16세기에 재건축된 성벽이 있어, 성벽 위에 올라보면 라이덴의 구시가지가 눈 아래에 펼쳐진다.

윌리엄의 잉글랜드 정복을 발단으로

모트가 특히 영국에 많이 남아있는 이유는, 11세기 후반에 정복왕 윌리엄이 국내 각지에 다수의 성을 지었기 때문이다. 그 수는 84개소에 이르고 대부분이 모트 베일리 양식이었다. 앞서 기술한 캠브리지, 옥스포드, 워윅 성 및 요크의 모트, 그리고 지금부터 둘러볼 윈저 성의 모트도 모두 정복왕 윌리엄이 세운 것들이다.

윌리엄은 원래 노르만디 공이었는데 색슨족의 잉글랜드 왕 에드워드가 후손을 남기지 못하고 죽었을 때 자신에게 왕위계승권이 있다고 주장하며 대군을 이끌고 잉글랜드로 건너왔다. 1066년의 일이었다. 색슨족은 이미 고(故) 에드워드 왕의 사위 해럴드를 왕으로 선택했으나 윌리엄은 격전을 치른 끝에 해럴드를 전사시키고 스스로 잉글랜드의 왕위에 올랐다. 정복왕으로 불려진 연유였다. 그 후에 국내각지에 있는 색슨족들을 압도하고 반란을 일으키지 못하게 하기 위해서 다수의 성을 세우고 노르만디 등지에서 데려온 가신들을 배치했다. 현재 영국귀족의 대부분은 이들 정복왕 윌리엄의 가신들의 자손인 것이다.

다음은 윈저 성(Windsor Castle)을 살펴보도록 하자. 이 성은 런던의 서쪽 근교에 있고 히드로 공항과 가깝기 때문에 대부분의 투어 때 일정에 들어있다. 런던에서 전철이나 노선버스를 타고 가기도 용이하다. 이 성의 커다란 특색은 정복왕 윌리엄이 최초로 세운 모트에서 후세에 추가로 증축된 부분들에 이르기까지 한눈에도 확실히 알 수 있는 형태로 남아있다는 것이다. 그 때문에 유럽의 성곽 역사의 살아있는 모델이라고 일컬어져 상당히 흥미를 끈다.

윈저 성에서 성곽발달의 역사를 더듬다

우리들은 먼저 헨리 8세 문이라는 견고한 성문을 지나 로워 워드(Lower Ward)에 들어간다. '아래 울타리'라고 번역할 수 있을 것이다. 일본의 성으로 말하자면 산노마루(본성을 둘러싼 외성)에 해당된다. 왼편으로는 동화 속의 나라에서 튀어나온 듯한 붉은 제복의 위병들. 정면에는 세인트 조지 예배당. 그리고 오른 편에는 숲에 둘러싸인 완만하고 낮은 산 위에 묵직한 원탑이 보인다. 이 낮은 산이야말로 정복왕 윌리엄이 세운 모트로, 윈저 성 발상의 중핵이 되었던 것이다.

보통 모트는 흙을 쌓아 올려 만드는데, 이곳에서는 앞서 기술한 바와 같이 대지의 끝부분을 이용해 거꾸로 주위의 지면을 깎아내어 만들었던 것이다. 끝자락 부분이 해자로 되어있는 모습도 잘 남아있다. 최초 모트의 위에는 목책과 목조탑 밖에 없었으나 1170년대에 헨리 2세에 의해 견고한 석조탑으로 다시 만들어졌고 그 후로도 증축과 개축이 실시되었다. 원형을 이루고 있기 때문에 라운드 타워라고 불려, 상층부에는 흉벽과 낙석용 난간이 배치되어 있다. 아래 쪽에 있는 커다란 창문은 후세에 만들어진 것으로 당초에는 창문이 하나도 없는 석벽이었다.

이 점은 윈저 성에만 국한된 것이 아니라 어느 성의 탑과 탑문에 있어서도 마찬가지이다. 전쟁에 대비한 탑과 탑문에는, 적어도 1, 2층에는 절대로 창문을 만들지 않았다. 필요에 부응해 극히 한정된 수의 활을 쏠 수 있는 틈을 만들 뿐이었다. 3층보다 위쪽에도 창문이 없는 경우가 많고, 설령 있다고 해도 활 쏘는 틈에 준하는 좁은 창문뿐이었다. 3층보다 위라고는 해도 넓은 창문이 있다면 공성사다리가 걸려 급습을 당하거나 불화살의 공격을 받는 등의 위험이 있었고, 또 넓은 창문을 만들면 아무래도 그 주변의 석벽은 강도가 떨어지기 때문에 투석기의 집중공격 대상이 될 우려가 있었기 때문이었다. 또 활 쏘는 틈을 만들어 두는 방식은 11세기에 십자군이 동방에서 배워온 것이라고 전해진다.

갱도를 파서 붕괴시키는 수법이나 파성퇴에 의한 공격에 견딜 수 있도록 석벽의 일층 부분은 굉장히 두꺼워 3m에서 5m에 이르는 경우도 드물지 않다. 근세에 들어 성의 군사적 의의가 상실된 후, 많은 성들에서는 1, 2층의 석벽을 뚫어 넓은 창을 만들어 통기와 채광을 꾀하게 되었다. 그렇게 하지 않으면 내부는 아주 어둡고 공기는 탁해져서 이렇게 훌륭한 탑이 건물로서의 이용가치는 제로에 가깝게 되기 때문이다. 이렇듯 후세에 성벽을 뚫어 창문을 만든 부분을 관찰해 보면 석벽이 매우 두꺼움을 잘 알 수 있다.

그런데 모트의 위에 솟아있는 라운드 타워와 같은 탑은, 영어로는 킵(Keep), 프랑스어로는 던전(donjon), 독일어로는 베르그프리트(Bergfried)라고 불린다. 이것을 일본어로는 천수각(天守閣)이라고 번역

유럽에 빠지는 즐거운 유혹③

하는 경우도 있는데, 반드시 적절한 것만도 아니기 때문에 킵이라는 영어단어를 그대로 사용하는 경우가 많다. 킵의 형태가 그 후 어떤 식으로 발전해 갔는지에 대해서는 나중에 설명하도록 하겠다.

그럼, 윈저 성에 모트가 남아있다는 것은 베일리도 있었다는 이야기가 된다. 라운드 타워의 왼편, 안쪽 부분으로 또 하나의 위엄 있는 성문이 보인다. 노르만 문이라고 해서, 현존하고 있는 탑문은 1350년대에 개축된 것. 이 문의 내측이 어퍼 워드(Upper Ward), 즉 '상부 울타리'로 일본의 성으로 말하자면 니노마루에 해당된다. 이곳이 정복왕 윌리엄이 세운 베일리의 흔적으로, 당초는 해자와 토루와 목책만이었으나 마찬가지 헨리 2세에 의해 석조 성벽으로 개축되었다.

성과 예배당

성에는 반드시 예배당이 설치되었다. 예배당이 따로 독립 건물로 되어있는 경우도 있는가 하면, 성내의 주요한 건물의 한 켠이 예배당이 되어 있는 경우도 있었다. 현재로서는 상상도 할 수 없을 정도로 종교가 중시되었던 중세에 있어서는, 성주를 시작으로 성 안에 살고 있는 자들은 모두 매일 아침 일찍부터 예배에 참가하는 것이 당연 시 되었다. 세례, 기사서위, 결혼 등의 의식도 이곳에서 행해졌다. 출진할 때

윈저 성
Windsor Castle
윈저 성은 정복왕 윌리엄이 세운 모트 위에, 후세 들어 라운드 타워가 만들어졌다.
1. 윈저 성 근경
2. 라운드 타워
3. 세인트 조지 예배당
4. Green Drawing Room

는 물론, 기사가 마상경기에 나갈 때도, 멀리 여행을 떠나려 할 때도 반드시 무엇보다 우선 예배당에서 기도를 올리고 신의 가호를 기원하는 것이 습관이었다. 성에는 예배당이 없어서는 안 되었던 것이다.

원저 성내에 있는 세인트 조지 예배당은, 독립 건물로 되어 있는 좋은 예이며, 또 성의 예배당 치고는 이례적으로 크고 호화롭다. 역시 이곳이 영국왕실과 아주 관계가 깊은 성이었기 때문일 것이다. 현재의 건물은 15세기 말부터 16세기 초에 걸쳐 건축된 것으로, 영국 후기 고딕양식의 특징인 수직양식의 걸작이다. 기둥에서 천장을 향해 다수의 우산을 펼친 것처럼 화려하게 이어지는 리브의 선이 아름답다.

어떠한 사정에 의해 성을 완전히 부숴버릴 경우에도, 독립된 건물로 이루어진 예배당만은 그대로 남겨둔 예가 아주 많다. 여행으로 자주 들르는 곳 중에서는 로텐부르크 성의 유적(부르크가르텐)에 있는 예배당이 그러하다. 중세 사람들이 신앙심에 충만했다는 사실이 이런 부분에서도 나타나고 있다.

16세기경부터 원저 성의 군사적 의의가 점점 약해져, 이 일곽은 순차적으로 호화로운 궁전으로 바뀌어져 갔다. 이 궁전은 1992년에 화재를 만나 일시적으로 처참한 모습이 되었으나 97년에 복구공사가 끝났다. 엘리자베스 2세도 이곳에 자주 체류했던 이 곳은 표어전(表御殿)에 해당되는 부분만은 일반인에게도 공개되는 경우가 있다.

노르만 문의 바로 앞에서 왼쪽으로, 성벽 바깥의 테라스로 나갈 수가 있다. 정복왕 윌리엄이 만든 베일리는 이 테라스의 오른쪽 위에 있었던 것이다. 왼쪽 아래로는 템즈 강의 계곡이 펼쳐져 있다. 이렇게 둘러보면 이곳이 축성을 위해서는 절호의 위치라는 것을 알 수 있다. 저편으로 퍼블릭 스쿨의 명문인 이튼 학교가 보인다.

이것으로 성내 견학은 끝이지만 다시 한번 헨리 8세 문을 지나 성밖으로 나오거든 '하부 울타리' 를 바깥쪽에서 보도록 하자. 거대한 성벽과 탑이 늘어서 있고 원저 성이 비교할 수 없을 만큼 견고한 성이었다는 사실을 실감할 수 있다. 지형을 절묘하게 이용했기 때문에 '하부 울타리' 의 안쪽에서는 별 것 없다고 생각하기 쉬운 것이다. 이 부분의 성벽과 탑을 건설한 것도 헨리 8세이다.

런던 타워 London Tower

정복왕 윌리엄이 화이트 타워를 세우고 후대 왕들이 계속해서 화이트 타워 주위에 타워를 세우고 타워와 타워 사이를 성벽으로 연결하면서 지금의 성의 규모로 커지게 되었다.

중세의 성을 방문하다

화이트 타워
White Tower
화이트 타워는 흰색 석회암으로 건축한 다음 회 반죽을 발라 새하얗게 마무리했다. 성을 새하얗게 만든 것은 정복왕 윌리엄의 심리작전이 아닌가 추측한다.

정복왕 윌리엄이 개조한 런던탑

윈저에서 템즈 강을 따라 3km 정도 내려온 곳에 색슨족의 왕 해럴드가 남긴 저택이 있었다. 해럴드를 쓰러뜨리고 그 저택을 손에 넣은 정복왕 윌리엄은 평상시에는 그 자신도 그곳에 살고 있었지만, 유사시에 안전한 거처 확보와 런던 서쪽의 수비 강화를 위해서 윈저 성을 만든 것으로 전해지고 있다. 템즈 강은 잉글랜드의 서부와 런던을 이어주는 중요한 교통로로 윈저성은 그야말로 이 교통로를 확보할 수 있는 지점에 있다.

그는 런던에도 3곳의 성을 만들었다. 이곳은 잉글랜드에서 가장 중요한 도시이며 부강함을 자랑하는 런던시민에게 아무래도 점수를 따 두어야 할 필요가 있었다. 성은 3곳 모두 모트 베일리 양식이었다. 신속하게 성을 만들기 위해서는 이 양식만한 것이 없었기 때문이다.

해럴드를 패배시키고 런던에 무혈 입성한 후에도 정복왕 윌리엄이 잉글랜드 전토를 완전히 지배 하에 두기까지 거의 10년을 필요로 했다. 그것이 일단락된 1078년에 그는 런던에 만들어 둔 3개 성 가운데 당시의 시가지(현재는 시티라고 불리는 구역) 바로 동쪽에 있던 성을 완전히 개축해서 장대한 석조 성으로 만들기 위한 공사를 시작했다. 런던탑의 중핵을 이루고 있는 화이트 타워가 그것이다.

화이트 타워라는 이름은 흰색 석회암으로 건축한 다음 회 반죽을 발라 새하얗게 마무리했기 때문이었다. 석조의 성을 새하얗게 만든 것은 이전까지 예를 찾아볼 수 없던 일로 정복왕 윌리엄의 심리작전이 아니었을까 추측된다. 색슨족에게는 성을 세우는 관습이 없었기 때문에 당시의 런던시민이 알고 있었던 것은 로마시대에 만들어져 절반 정도 무너진 성벽뿐이었다. 거기에다 본 적도 들은 적도 없는 '하얀 괴물'이 돌연히 모습을 드러냈기 때문에 런던시민은 모두 놀라 자빠졌다고 한다. 런던 시민을 위압하고자 했던 정복왕 윌리엄의 노림수가 적중했던 것이다.

그는 본거지로 삼고 있던 노르망디의 캉에서도 이미 석조의 거대한 성을 세우고 있었다(지금도 관광명소가 되고 있다). 석조 성에 대한 노하우는 이미 가지고 있었던 것이다. 잉글랜드를 정복한 직후에 흙과 나무로 성을 계속 만든 것은 오로지 시간과 비용 때문이었을 것이다.

화이트 타워의 주위에는 그 후로도 왕들이 계속해서 타워를 세우고 타워와 타워 사이를 성벽으로 연결했기 때문에 크고 작은 다수의 타워가 늘어서기에 이르렀다. 그래서 성 전체가 옛날부터 '더 타워 오브 런던(The

Tower of London)' 이라고 불려, 현재 그것이 정식 명칭이 되었다. 메이지 시대의 일본인이 이것을 런던탑이라고 번역한 것은 오해를 불러일으키기 쉬운 직역이었다. 사실은 런던 성으로 했어야 하지 않을까, 라는 의견이 대두되고 있다.

이처럼 증축이 반복된 결과 런던탑은 전형적인 컨센트릭 형(동심원형)의 성이 되었다. 킵의 발전사와 비추어, 컨센트릭 형의 성이란 도대체 무엇인가,라는 문제에 대해서도 나중에 고찰해 보도록 하겠다.

무엇을 위해, 어떤 장소에 축성했는가

농업 생산력의 증대에 힘입다

11세기 중엽부터 13세기 중엽에 걸친 기간은 대(大)개간의 시대라고 불린다. 숲을 베어내고 습지의 물을 빼내는 등 농경지와 목초지가 대폭 증대되었다. 또 유럽 특유의 삼포농법*이 확립되어 안정된 농업생산력을 보유하게 되었다. 사회전체로 보았을 경우 중세유럽인은 이 때에 이르러 처음으로 먹을 것을 확보하는 일에 온 힘을 쏟아야만 하는 데서 해방되어 그 이외의 일들에도 힘을 쏟을 여유가 생겨났다.

이 시대에 말과 각종 도구를 연결하는 방법도 개량되어 말에 무거운 짐마차를 끌게 하거나 쟁기를 끌게 할 때의 능률이 비약적으로 향상되었다. 그때까지의 방법으로는 말이 힘을 주면 줄수록 가슴 언저리의 혈관을 압박하게 되어 말이 충분히 제 힘을 발휘하지 못했던 것이다. 새로운 방법으로는 말의 몸체에 가해지던 부담이 분산되게 되었다.

산업과 교역의 발전에 빼놓을 수 없는 가도와 다리에 있어서도, 기존의 로마인이 남겨놓은 것을 보수조차 하지 않은 채 그냥 사용하고 있을 뿐이었다. 그 보다 더 안 좋은 것이 로마인이 건설한 도로의 반석을 점차 뽑아내어 다른 용도로 사용해 힘들여 만든 석조 길을 진흙탕 길로 만들어 버린 것과 같은 예도 있다. 그것이 이 시대에 이르러 겨우 가도와 다리의 보수나 신설에도 노력을 기울이게 되었다.

이 모든 조건이 생산력의 증대로 이어져 국왕과 봉건영주들의 경제력을 비약적으로 높였다. 12세기경부터 흙과 나무로 만들어진 간이 성을 대신해 비용과 시간이 소요되는 석조 성이 주류가 되는 배경이 그곳에 있다. 축성에 대해서는 영민이 부역에 동원되었고 또 부역으로 메우지 못하

삼포농법이란

빙하기 동안 유럽의 대부분은 빙하에 덮여 있었다. 그리고 그 빙하는 북쪽을 향해 후퇴해 갈 때 표토를 심하게 깎아내어 버렸다. 그 영향은 현재까지도 미치고 있어 일본 등에 비하면 유럽에서는 일반적으로 표토가 극히 얇고 지력도 약하다. 도로를 만들기 위해 깎여나간 곳이라든가 각종 공사로 지면을 파낸 곳을 보면 그것을 잘 알 수 있다. 그 때문에 유럽의 농지는 일본과 달리 깊이 경작하는 것이 불가능해 연중 끊임없이 각종 작물을 재배하는 것이 불가능하다. 만약 그런 식으로 경작을 하면 지력이 급속하게 쇠퇴해 연간 총 수확량이 오히려 나빠져 버리기 때문이다.

그래서 고대에는 이포농법이라고 해 농지를 둘로 나누어 1년에 마다 절반씩만 경작을 하고 나머지 절반은 비워두고 가축을 방목하거나 풀을 덮어두어 지력의 회복을 꾀했다. 그것이 10세기경부터는 삼포농법이 고안되어 동일한 넓이의 농지에서 그때까지의 1.5배의 수확을 거두게 되었다.

농지를 삼분하고 제1구획에는 가을에 파종해 초여름에 수확할 수 있는 밀과 라이 보리 등을, 제2구획에는 봄에 파종해 늦여름에 수확할 수 있는 큰 보리와 카라스 보리 등을 재배하고, 제3구획은 쉬게 하는 과정을 반복했다. 수확이 끝나고 다음 파종이 시작되는 사이에는 한겨울을 제외하고는 어느 구획에도 가축을 방목했다. 이것이 삼포농법의 골자이다. 작물의 종류가 늘어나거나 화학비료가 만들어지거나 해서 사정이 바뀔 때까지 이 방법은 계속 지켜져 왔다.

유럽에 빠지는 즐거운 유혹 ③

프팔츠 성

는 부분은 결국 해마다 부가되는 그 외의 세수로 보충되었기 때문에 성이
훌륭해지면 질수록 영민의 부담은 무거워졌다.

성이 가지고 있던 다양한 효용성

정복왕 윌리엄의 예에서도 알 수 있듯이, 성은 먼저 성주와 그 일족들
이 안심하고 살 수 있도록 하기 위한 장소였고 동시에 영민에 대해 영주
의 힘을 과시하고 가상적에게 위압을 가하는 역할을 지니고 있었다. 특히
넓은 영지를 지배하는 경우, 교통과 통신이 발달하지 못했던 중세에 있어
서는 아무래도 영내 각지에 성이 필요했다.

강적과 대치하고 있는 경우에는 특히 더해, 영지를 지키기 위해서도,
또 공격을 가하기 위한 거점으로 삼기 위해서도 요소요소에 성을 쌓아두
는 것은 빠뜨릴 수 없는 일이었다. 그런 점은 일본의 전국시대와 마찬가
지이다. 덧붙여 잉글랜드에서는 정복왕 윌리엄과 헨리 2세와 같은 유능
한 왕이 나타나 지배체제가 견고하게 굳어졌으나, 다른 나라들은 아직도
국왕의 힘이 약해, 봉건영주들은 일종의 전국시대와 같은 상태에 놓여 있

었다.

영주에게 있어 성의 또 하나의 효용은 관전 외의 통행료를 징수하는 거점(프팔츠 성)이 된 것이다. 방위목적을 겸해서 주요 가도를 내려다보는 지점, 고개, 수운으로 자주 이용되는 강줄기, 다리, 여울목이 있어 강을 건너기 쉬운 지점(도섭 지점이라고 한다), 항구 등에 성을 설치했다. 그렇게 특정 상품에 대해서, 때로는 여행자 한 사람 한 사람에 대해 통행료를 거두었다. 한 건 당의 금액은 별로 비싸지 않았지만 워낙 숫자가 많았기 때문에 영주에게는 괜찮은 현금수입원이 되었다. 지불하는 입장에서는 도중에 비슷비슷한 통행료를 여기저기에서 반복해서 지불해야 했기 때문에 보통 일이 아니었다. 멀리서부터 운반해 온 상품은 그 자체만으로도 상당한 고가를 지불해야만 했던 것이다.

14세기말의 숫자로는 라인 강 유역만으로도 무려 64개소의 관소 즉 관전 징수소가 있었다. 라인 강의 양측에 점점이 늘어서 있어, 라인 강을 거슬러 내려가며 보이는 경관에 정취를 더해주는 성들 중 많은 수는, 영주의 거주와 영지방위를 위함과 동시에 관소를 제어하기 위한 성이기도 했다. 라인강의 하중도에 있는 프팔츠 성은 관소를 그냥 지나치려는 선박을 그 즉시 제압할 수 있도록 만들어져 있다.

드디어 산성에서 평성으로

성은 산 위의 협소한 장소에 있는 산성과 평야에 있는 평성의 2종류로 크게 구별된다. 산성은 지키기 쉽다는 장점이 있는 반면, 성의 병사가 치고 나가기에 불리한 면도 있고, 그만큼 병사의 행동이 제약되어 주위에 대한 영향력 행사에 제한된다는 단점이 있다. 스스로 뒤로 한 발짝 물러선 것과 같은 상태로, 그 성 한 곳에만 틀어박혀 있기에는 적합했지만 넓

유럽에 빠지는 즐거운 유혹 ③

다리와 도섭 지점과 성

큰 강에 다리를 가설하기 위해서는 여러모로 기술적 혹은 금전적인 문제가 수반되기 때문에, 옛날에는 극히 제한된 지점에만 다리가 있었다. 다리를 이용하고 싶다면 설사 아무리 멀리 돌아가야 된다 해도 그 한정된 지점에 있는 다리까지 가는 수밖에 없었다. 여행자뿐만이 아니라 짐마차와 가축 등에 있어서도 마찬가지였다.

다리가 전혀 없어 도섭 지점이 다리에 준하는 역할을 수행하는 경우도 있었다. 도섭 지점이라는 것은 영어의 포드(ford)와 독일어의 푸르트(Furt)를 번역한 말이다. 운 좋게도 하중도나 여울목이 있거나 그 곳만 특별히 흐름이 완만하거나 해서 사람도 수레도 가축도 강을 건너기 쉬운 지점을 지칭. 사정은 다리와 마찬가지여서 도섭 지점에도 역시 사람과 수레와 가축 등이 모두 모여들었다.

이처럼 다리와 도섭 지점은 교통의 요지로, 위급 시에는 전략상으로도 극히 중요했기 때문에 다리와 도섭 지점을 컨트롤 할 수 있는 곳에는 대부분 성이 건축되고, 그것이 다시 통행료 징수를 위한 거점이 되었다. 다리와 도섭 지점이 있는 곳에는 자진해서 사람도 물건도 모여 들었기 때문에 그곳이 차츰 도시로 발전해 간 경우는 매우 많다.

티롤 지방의 인스부르크는 그 한 예이다. 로마시대부터 이탈리아와 게르마니아를 연결하는 간선도로가 이곳에서 라인강을 가로질렀기 때문에 로마인은 이곳에 다리를 가설하고 성채를 쌓아 수비병을 주둔시켰다. 그것이 바탕이 되어 생겨난 것이 인스부르크로, 도시의 이름은 '인 강의 다리'라는 의미이다.

영국의 옥스포드는 대학도시로서 이름이 높은데, 옥스포드라는 지명은 원래 '수소의 도섭 지점'이라는 의미이다. 마찬가지로 영국의 스트랫포드는 셰익스피어의 출생지로 잘 알려져 있는데 이 지명의 원래 의미는 '가도가 모여있는 곳의 도섭 지점'이다. 스트랫은 길 혹은 가도, 즉 스트리트라는 단어의 고대 형태에서 유래했다.

독일에는 프랑크푸르트라는 유명한 도시가 있는데, 이것은 '프랑크 족의 도섭점'이라는 의미이다. 그 외에 역시 '수소의 도섭 지점'을 의미하는 옥센푸르트라는 도시나, '돼지의 도섭 지점'을 의미하는 슈바인푸르트, '고양이의 도섭 지점'을 의미하는 카첸푸르트 등의 도시도 있다. 물론 '수소의 도섭 지점'이나 '돼지의 도섭 지점'이라는 것은 말하자면 일종의 지명으로 다른 도섭 지점과 구별하기 위해서 어떠한 이유에 의해 그러한 이름이 붙여진 것일 것이다. 수소와 돼지만이 도섭을 한 것은 아니다.

영국과 독일 이외의 여러 나라들도 도섭 지점에 기원을 둔 지명이 많이 남아있어, 중세 유럽에서는 도섭 지점이 큰 역할을 수행했다는 것을 말해주고 있다. 도섭 지점을 제압하기 위한 목적으로 성이 축조된 것도 그런 이유에서였다.

또 강과 면해 있는 성벽도시에서는 도시의 출입구가 되어 있는 다리의 반대편에 반드시 요새를 설치해 다리의 수비를 공고히 했다. 이것이 바로 교두보라고 불리는 것이다. 다리의 반대편을 적에게 제압당해 버리면 마을로 들어가지도 나오지도 못하게 되어버려 매우 불리했기 때문이다. 남 프랑스의 카올과 스페인의 코르도바에는 중세에 축조된 훌륭한 교두보가 남아있다.

스페인 코르도바에 남아있는 교두보

은 지역 전체를 관할하기에 산성은 오히려 불편했다. 그런 점에서는 교통
의 요지에 위치하고 있는 평성이 훨씬 우월했다. 평성이 지형적으로 방위
에 불리하다는 점은 성벽과 해자 등의 인공 구조물을 강화하는 것으로 보
충할 수 있었다.

일반적으로는 성주의 지배가 광역화되면 될수록 산성보다는 평성 쪽이
합리적이라 할 수 있다. 지배가 광역화될수록 성주의 경제력도 강화되었
기 때문에 장대한 인공구조물, 즉 방비가 견고한 평성을 축조하기 위한
전제조건도 갖춰진 셈이었다.

로마인들은 앞서 기술한 것처럼 군단의 병사를 광역적으로 활용하기
위한 정책을 취하고 있었기 때문에 군단의 성채는 반드시 교통의 요지에
만들어졌다. 즉 평성이 중심이 되고, 산성은 극히 예외적인 경우가 아니
고는 지어지지 않았다.

중세에 접어들면 유럽에서는 평성과 산성 양쪽이 모두 나타난다. 그리고
시대의 흐름과 함께 차츰 평성으로 무게 중심이 옮겨갔다. 일본에서도 전
국시대 말기부터 평성이 중심이 되어갔던 것과 궤를 같이 하고 있다. 단,
일본에서는 도쿠가와 막부가 지배체제를 확립한 이후 하나의 번에 하나의
성을 두는 제도를 두어, 그 외의 성들은 전부 철거되었기 때문에 아직 상당
수 남아있던 산성들마저도 그 모습을 아주 감추고 말았다. 유럽에서는 그
와 같은 일은 없었으므로 상당한 수의 성이 남아 오늘날에 이르고 있다.

다음으로 평성의 입지에 대해서인데 글자 그대로 완전히 평평한 곳보
다 가능하면 주위보다 어느 정도 솟아있는 언덕이 축성에는 적합했고,
가장 좋은 것은 주변이 모두 평야이고 그곳만이 불쑥 솟아있는 대지를 이
용하는 것이있다. 그러나 그렇게 입맛에 딱 맞는 높은 대지가 아무데서나
찾아 볼 수 있는 것도 아니었기 때문에 대지의 끝자락이 좁고 길게 돌출

되어 있는 곳을 이용하는 방법
이 자주 사용되었다. 뒤편으로
대지와 이어져 있는 부분은 빈
해자로 잘라 나누는 방식으로,
유럽의 성의 입지로서는 이 방
법이 가장 많이 쓰였다. 그러한
대지의 돌출된 끝자락이 강으
로 둘러싸여 있거나 굽이쳐 흐
르는 강물이 감싸고 있거나 하
면 더 이상 바랄 것이 없었다.
바다나 호수에 면해 있는 경우
도 마찬가지다. 더욱이 바다나
호수에 면해 있는 경우에는 성
이 적에게 포위되었을 때 선박
을 이용해 외부와 연락을 취하
거나 원군과 식량을 나를 수 있
다는 이점이 있었다.

이에스코우 성
Egeskov Castle
덴마크는 지세가 낮고 평
평하기 때문에 수성이 많
다. 이 이에스코우 성도 그
중 하나로, 벽돌로 만들어
져 있다.

　　대지가 전혀 없는 낮고 평평한 지형에서는 하중도
라든가 호수와 늪지로 태반이 둘러싸여 있는 것과 같
은 장소를 고르거나, 주위 저습지에 물을 끌어들여
인공적으로 넓은 수면을 조성하거나 해서 축성한 예
가 많다. 이른바 수성(水城)으로 독일어로는 바셀부
르크(Wasserburg)라고 한다. 북 독일, 네덜란드, 벨
기에, 덴마크 등에는 특히 많다.

본격적인 산성의 경우는 물론이고 대지를 이용한 평성에서도 단층절벽의 위에 위치하고 있거나 급사면에 둘러싸여 있으면 적은 성벽에 접근하기 힘들 뿐만이 아니라 공성노와 공성퇴를 사용하는 것도 어렵기 때문에 성을 지키는 입장에서는 매우 유리했다. 단 단층절벽 위에 위치하고 있으면 수비 측이 방심을 하기 쉬웠던 모양이다. 공격하는 측이 야음을 틈타 몰래 단층절벽을 기어올라 성을 함락시킨 예도 적지 않다.

유럽에서는 평성 중에도 암반 위에 축조되어 있는 경우가 상당히 많다. 이것은 유럽의 대부분이 일찍이 빙하로 뒤덮여 있던 사실과 관계가 있는데 주위 지면보다도 약간 높은 정도의 장소에 평평하고 널찍한 암반이 종종 노출되어 있다. 그런 곳은 축성하기에 절호의 장소인 것이다. 돌로 지어진 높은 성벽과 다수의 탑을 구비하고 있는 유럽식 성은, 전체적으로 엄청난 중량을 가지기 때문에 시간과 비용을 들여 확실하게 기반을 다지지 않으면 안 되었다. 그를 게을리하면 부정침하가 발생해 성벽과 탑에 균열이 생겨 붕괴의 원인이 되었다. 그런데 아래가 암반이라면 그럴 염려는 없어, 축성에 소요되는 시간과 비용을 상당부분 절약할 수 있었던 것이다.

그보다 더 좋은 점은 성이 암반 위에 있으면 공격 측에서는 터널을 뚫어 성벽을 붕괴시키는 갱도작전이 불가능하다. 갱도작전으로 나오는 것은 수비하는 입장에서는 아주 기분 나쁜 일로, 뾰족한 대책도 없었기 때문에, 그에 대한 염려가 사라진다는 것은 큰 이점이었다.

일본의 성에서는 돌담 안쪽에 흙을 넣고 그 위에 목조의 울타리와 노 등을 설치하고 옻칠을 하는 방식이었기 때문에 부정침하의 염려는 적었다. 또 일본에서는 차륜이 달린 파성퇴와 공성로를 사용하지 않았다. 이상, 성의 입지에 대해 여러모로 생각해보면, 일본과 유럽이 닮은 부분도 있는가 하면 틀린 부분도 있어 매우 흥미롭다.

유럽 성의 특징

도개교를 시작으로 성문의 구조를 탐구하다

성의 평면 플랜 즉 평면적인 설계를 일본에서는 옛날부터 나와바리(세력권, 세력범위)라고 불러왔다. 먼저 처음에는 종이 위에 약도를 그려 검토해 보았겠지만 그 다음에는 실제로 지면에 띠를 두르고 평면 플랜을 결정했기 때문에 나와바리라는 단어가 생겨났음이 틀림없다. 그 외에 성의 평면 플랜을 의미하는 경시(측량을 하고 공사에 착수하는 일)라는 한자어도 있으나 고성의 이야기를 하기에는 나와바리라고 하는 편이 적합한 모양이다.

그럼 유럽 성의 나와바리에 대해 논하기 전에 성벽이나 성문 등 각각의 부분들의 구조를 먼저 보아 두도록 하자. 유럽여행에서는 성을 방문할 기회가 아주 많은데 유럽의 성 구조에 대해 조금만 알아두면 성을 구경할 때의 재미가 배가된다.

성의 가장 외측에는 대개 해자가 있는데, 해자는 일본의 성에서도 비슷한 구조이기 때문에 성문에서부터 이야기를 시작하려고 한다. 토루와 목책으로 만들어진 모트 베일리 양식의 시대에는 성문이라고는 해도 극히 간단한 것이었음에 틀림없겠지만 석재의 사용에 의해 방비가 강화됨에 따라 성문만으로도 독립성이 있는 건조물로 발전해 갔다. 영어로는 이것을 게이트 하우스(gatehouse)라고 한다. 이러한 성문은 내부가 적어도 이층구조로 되어 있었고 때로는 3,4층 구조로 되어있는 높은 성문도 있다. 또 12세기 이후에는 십자군이 보고 온 아랍식 축성술을 도입해 성문의 양측을 견고한 탑으로 만들어 전방에 덧붙인 예도 많다. 이것을 쌍탑식 성문이라고 한다.

이런 식으로 중세에 만들어진 유럽의 성문은, 도개교, 낙석용 난간, 화살을 발사할 수 있는 틈, 격자 등을 구비하고 있는 것이 보통이다.

도개교에는 간이 구조와 본격적인 구조의 2종류가 있다. 먼저 간이 구조를 보면 바로 앞에 경첩, 반대편에 쇠사슬이나 로프가 달려있어 도르래를 이용해 올리고 내릴 수 있다. 구조는 극히 간단해서 어떤 장소에서도 설치가 가능했지만 성문을 방어하기 위한 용도로 사용하기에는 중대한 결점이 있었다. 결점 중 하나는 도개교를 올리고 내리는데 시간이 걸린다는 점이다. 적의 기습을 받았을 때 그 정도로는 시간적 여유를 가질 수가 없었다. 서두르다 쇠사슬이 얽히거나, 적에게 로프를 절단 당해 한 발자국이라도 도개교 위로 침입하는 것을 허용한다면 모든 것이 끝장이었다. 두 번째 결점은 도개교 그 자체를 무겁고 두터운 구조로 만드는 것이 어려웠다는 점이다. 도개교가 성의 성문 역할을 겸하고 있었기 때문에 그래가지고는 곤란했던 것이다. 세 번째 결점은 끌어올린 다음에도 안정성에 문제가 있었다는 점이다. 적이 강하게 공격을 가해왔을 때 성문의 역할을 겸하고 있는 도개교가 풀썩 주저앉아 열려버릴 우려가 있었다.

그런 이유로 간이 구조의 도개교는 그다지 중요하지 않은 지점이나 이중으로 되어 있는 도개교의 처음 부분에 사용되었다.

도개교는 가동 철근으로 연결되어 있다. 철근을 지탱하고 있는 로프를 느슨하게 하면 철근 내부에

카스텔 베키오
Castel Vecchio
이탈리아의 베로나에 있는 카스텔 베키오. 두 개의 가동 철근으로 연결되어 있는 대호(大戶)의 도개교와 한 개의 가동 철근으로 연결되어 있는 잠호(潛戶)의 도개교가 보인다.

붙어있는 추가 움직여 도개교가 올라가는 구조이다. 적에게 기습을 받았을 시에 수비병이 도끼를 휘둘러 로프를 끊으면 도개교가 순식간에 끌어올려져 문이 닫히게 된다. 이러한 방식이라면 도개교 그 자체를 무겁고 두꺼운 구조로 만드는 것이 가능하고 또 끌어올린 다음에도 안정성이 높았다.

어느 쪽이든 도개교를 너무 길게 하는 것은 별로 좋은 방법이 아니었다. 아무래도 움직임이 둔해지고 강도도 저하되기 때문이었다. 해자의 도중까지는 보통의 다리로 만들고, 성문에 접하고 있는 부분만을 도개교로 만드는 것이 통상적인 예였다. 특별히 방비를 엄중히 하고 싶은 경우에 한해 다리의 첫 부분까지도 끌어올릴 수 있도록 만들었다. 즉, 전후 이중 구조의 도개교를 가설한 것이다.

넓은 도개교와 병행해 사람 한 명이 겨우 지나갈 수 있는 정도의 좁은 도개교를 설치한 예도 많다. 성주 그 외 신분이 높은 자, 여행객, 기마무사, 짐마차 등이 지나갈 때에 한해 넓은 도개교를 내리고 신분이 낮은 병사, 고용인 , 상인, 직인 등이 지나갈 때는 좁은 쪽의 도개교를 사용했다. 당연히 도개교에 대응하는 출입구도 한쪽은 대호, 다른 한쪽은 잠호를 사용하게 되었다.

근세에 들어 성의 군사적 의의가 사라진 후, 도개교가 폐지되고 보통의 다리로 바뀐 예는 상당히 많다. 그래도 일찍이 그곳에 도개교가 있었다는 증거는 성문의 외벽에 확실하게 남아 있다. 석조 외벽에서 볼 수 있는 두 줄이나 세 줄의 커다란 종구(縱溝-세로로 파진 홈)가 그것이다. 이것은 도개교를 끌어올렸을 때 가동 철근을 수납하기 위한 종구로서 무겁고 두꺼운 도개교에 문방을 겸하게 만들기 위해서는 절대로 빼놓을 수 없는 것. 최초 성문에 돌을 끼워 넣을 때부터 도개교의 설계에 맞춰 종구를 증축해

실미오네 sirmione
이탈리아의 실미오네. 좌측은 도시로 들어가는 입구가 되어있는 문으로, 종구를 통해 그곳에 도개교가 있었다는 것을 알 수 있다. 우측은 성채의 입구가 되어있는 문으로 도개교가 남아있다.

둔다. 따라서 후세에 도개교를 폐지해도 종구만은 튼튼한 석재들 틈에 남아 있게 된다.

종구가 두 줄로 되어있는 것은 넓은 도개교의 양측에 달려있는 가동 철근을 위한 것. 또 한 줄이 더

칸 성 Caen castle
프랑스의 칸 성의 성문. 전면에는 빈 해자와 견고한 방책을 구비하고, 문 자체에는 도개교와 낙석용 난간이 붙어 있다.

있다면 그것은 좁은 쪽의 도개교에 달려 있는 가동 철근을 위한 것이다. 요약하자면 잠호에 연결되어 있는 좁은 도개교는 단 한 개의 가동 철근으로 연결하는 것이 정석이었다. 이 점에 대해서는 예외가 없다.

낡은 성문 앞에 서서 이들 종구를 올려다보면 설령 도개교는 소멸하고 없어도 또는 해자조차도 파묻혀 그 모습을 감추었어도, 예전 성문의 잔영이 눈앞에 펼쳐지는 듯한 느낌이 든다.

 투석기

공성노와 파성퇴가 이미 고대 오리엔트 시대부터 존재했다는 것은 앞서 기술한 바와 같이 아시리아의 부조를 통해서도 알 수 있다. 그에 비해 그리스·로마시대에 들어 출현한, 다양한 개량이 가해져 성을 공격하는 데 있어 커다란 위력을 발휘하게 된 것이 투석기이다. 투석기는 중세 말엽에 대포가 실용화 될 때까지 계속해서 사용되었다.

1. 남 프랑스 레 보의 유적에 재현되어 있는 캐터펄트(Catapult). 거대한 활과 같은 것의 복원력을 이용하도록 설계되어 있다.

투석기에는 여러 종류가 있는데, 돌을 집어 던지듯 날리는 타입과 석궁과 같은 원리에 의해 돌을 발사하는 타입으로 나뉘었다.

돌을 집어 던지듯 날리는 타입으로 그리스·로마시대에 자주 사용된 것은 그림 1과 같은 캐터펄트이다. 로프나 말의 털, 동물의 힘줄을 모아 놓은 것을 그림 바로 앞에 보이는 바이스를 돌려 강하게 꼬아, 그것이 복원되는 힘을 이용해 돌을 날렸던 것이다.

지중해 세계에서는 먼 옛날부터 투석끈이라는 무기가 사용되어 왔다. 그림 2와 같이 한 가운데가 얕은 주머니처럼 되어 있는 천 또는 가죽 끈으로 그것에 돌을 넣고 붕붕 돌려 강한 원심력을 발생시킨 후 끈의 한 쪽을 놓아 적을 향해 돌이 날아가게 만드는 것이었다. 구약성서에는 소년 다윗이 이것을 사용해 강적 골리앗을 쓰러뜨렸다는 유명한 일화가 기술되어 있다. 투석기의 원점은 바로 이 투석끈이다. 그러나 인간과 달리 기계로는 원심력을 만드는 방식은 어렵기 때문에 그림처럼 완목(腕木)이 휘어지는 힘을 이용하는 식으로 만들었던 것이다.

석궁과 마찬가지 원리를 이용해 돌을 발사하는 타입으로는 그림 2와 같은 발리스타가 그리스 로마 시대부터 사용되었다(노포-弩砲라고 번역되는 경우도 있다). 역시 로프와 말의 털, 동물의 힘줄을 합쳐놓은 것을 꼬아서 얻어지는 복원력에 의지했는데, 로마시대 말기에는 철제 용수철을 사용한 것도 개발되었다. 철제 스프링을 사용한 형태가 전갈을 닮은 것에서, 특별히 스콜피온이라고 불렸다.

양자를 비교하면, 캐터펄트는 커다란 돌을 마구 날리는 데 적합했다. 그러나 명중도는 떨어져 대강의 짐작으로 돌을 날릴 뿐이었다. 그래도 많은 수를 날려보내는 사이에 성벽과 그 외의 성의 방어시설들을 차례차례 파괴하거나 적의 인마를 살상하는 것이 가능했다. 그에 비해 발리스타는 너무 큰 돌을 날릴 수는 없었지만 명중도는 캐터펄트보다 월등히 나았다. 또 둥글게 만든 돌 탄환을 사용하면 상당히 정확하게 조준해서 쏘는 것도 가능했다. 더욱이 발리스타에서는 돌

2. 발리스타

만이 아니라 전용의 대형 활과 불화살도 발사할 수 있었다. 무거운 철제 화살을 심지로 삼고 말라버린 침엽수의 나뭇잎, 기름을 충분히 먹인 너덜너덜한 천 등을 단단히 감은 대형 불화살은 보통의 불화살과는 달리 손쉽게 두드려 끌 수가 없었기 때문에 성을 수비하는 입장에서는 심각한 위협이었다.

3. 트레뷰쳇

돌을 날리는 타입으로는 또 한 가지 그림 3과 같은 트레뷰쳇이 있었다. 이것만은 고대가 아니라 중세 이후 프랑스에서 개발되었다. 트레뷰쳇(Trebuchet)이란 프랑스어로 '천칭을 기울이다'라는 의미에서 유래했다. 그림의 우측에 있는 로프를 풀면 좌측에 있는 추에 의해 장대가 휘어져 돌이 날아가게 된다. 명중도가 떨어지는 것은 캐터펄트와 마찬가지였으나 이쪽이 구조가 간단해 만들기가 쉽고 게다가 캐터펄트보다 훨씬 무거운 돌을 날릴 수 있었기 때문에 투석기의 주역이 되었다.

트레뷰쳇에서 돌을 놓는 부분은 그림과 같은, 가죽으로 만들어진 튼튼한 끈이 달린 주머니처럼 만들어진 것으로 스푼 모양처럼 되어 있었다. 끈이 달린 주머니처럼 되어 있는 것은 앞서 기술한 투석끈과 마찬가지로 순간적으로 끈의 한쪽이 풀려 돌이 날아가게 만든 구조였다. 지금은 유럽에서도 역사 붐으로, 고성의 정원 등에 중세의 투석기를 재현해 놓은 것을 종종 볼 수 있다. 캐터펄트나 발리스타는 누구라도 한번 보면 그 원리를 알 수 있지만, 트레뷰쳇, 특히 가죽 끈이 달린 주머니가 늘어져 있는 것은 다소 알기가 어렵다. 대개의 일본인들이 고개를 갸웃거리는 것도 당연하다. 일본에는 투석끈도 투석기도 없었기 때문이다.

그건 그렇다고 치고, 발리스타가 오로지 인마를 저격하거나 불화살을 발사하거나 하는 용도로 사용된 것에 대해, 캐터펄트와 트레뷰쳇은 구조물을 파괴하는 목적과 인마를 살상하는 목적을 겸해 사용되었다. 그러나 캐터펄트도 트레뷰쳇도 정확하게 조준을 할 수가 없어 어림짐작으로 돌을 날릴 뿐이었다. 그것도 후세의 포탄과 달리 작렬하지도 않았기 때문에 실제로 인마에게 가할 수 있는 손상은 한도가 있었을 것으로 보여지고 있다. 그래도 밤낮을 불문하고 커다란 돌이 끊임없이 날아와 어쩌다가 근처에 있는 사람이 돌에 직격을 당해 무참하게 죽음을 당하면 성을 수비하는 입장에서는 공포에 휩싸여 정신적인 피해를 입었을 것이 틀림없다.

또, 성 안에 역병을 퍼뜨리기 위해서 동물의 썩은 시체를 던져 넣거나 불화살을 발사에 맞춰 기름을 담은 항아리를 던져 넣거나 하는 데에도 캐터펄트와 트레뷰쳇이 사용되었다. 전쟁이라는 것이 인간의 이성을 마비시킨 증거를 여기에서 볼 수 있다.

중세의 성을 방문하다

낙석용 난간, 화살 발사 구멍, 그리고 내리닫이 격자문

종구보다 더 위쪽을 올려다 보면, 낙석용 난간이 있다. 외벽에서 돌출된 형태로 되어 있고 아래쪽이 열려 있어 성문 바로 아래로 접근한 적을 격퇴하기 위해 사용했다. 적의 머리 위로 커다란 돌을 떨어뜨리거나 석궁을 쏘거나 뜨거운 물과 펄펄 끓는 기름을 퍼붓거나 녹인 콜타르와 아연을 쏟아 부었던 것이다. 그 중에서도 적의 머리 위로 돌을 떨어뜨리는 것은 가장 간단하고 재료도 공짜였으며 게다가 효과도 확실했기 때문에 주로 이 수법을 사용했다. 성을 수비하는 측에서는 평상시부터 이에 대비해 적당한 돌들을 대량으로 비축해 두었다.

낙석용 난간은 문방 위에만 설치되어 있는 경우도 있는 한편 성문 옥상 전체를 둘러싸고 설치되어 있는 경우도 있다. 시대적으로는 대체로 전자가 낡은 방식이고 후자가 새로운 방식이다.

낙석용 난간과 화살 발사 구멍은 나중에 기술할 성벽의 방어시설과도 겹치기 때문에 상세한 설명은 그쪽으로 돌리고 이곳에서는 성문의 독특한 설비인 내리닫이 격자문에 대해 설명하도록 하겠다. 영어로는 포트컬리스 (portcullis)라고 하며 일본에서는 카타카나로 ポルトカリス(포르토카리스)라고 표기하는 경우가 많다. 어원은 라틴어에서 문을 의미하는 포르타와 체라는 의미에서 파생한 코라투스이다.

내리닫이 격자문은 사방 10센티는 되어 보이는 두터운 철제로 되어 있어 평상시에는 성문 위로 끌어올려져 있다. 위급 시가 되면 이것을 낙하시켜 일거에 성문을 막아버렸던 것이다. 내리닫이 격자문의 하단은 날카롭게 모가 나 있다. 이런 것이 떨어져 내린다면 아래에 있는 사람은 꼬치가 되어 납작하게 눌려버릴 것이다. 하단이 날카롭게 모가 나 있는 이유는 그 뿐만이 아니었다. 내리닫이 격자문의 수납을 위해 바닥의 반석 틈

사이로 홈이 패여 있어 평상시에는 그곳에 흙을 넣어 두었다. 떨어져 내린 무거운 격자문은 홈을 메우고 있는 흙에 내려 꽂히어 단단하게 고정되는 구조였다. 이처럼 연착륙시키지 않으면 충격으로 어딘가가 부서져 버린다.

성문의 내부가 적어도 이중구조로 되어있는 데에는 여러 이유가 있으나, 가장 큰 이유는 내리닫이 격자문을 끌어올려 두기 위해서였다. 도개교와 달리 내리닫이 격자문은 아주 무거웠기 때문에 말아 올리는 장치에는 현대의 윈치와 동일한 원리가 적용되어 있다. 아까 사방 10cm는 되어 보이는 철제라고 말했는데 실제로 철제는 외측만으로 심지는 떡갈나무로 되어 있었다. 전체를 철로 만들면 너무 무거워 중세의 인간이 지니고 있던 재료와 기술로는 그를 감당할만한 감아 올리기 장치를 만들 수 없었던 것이다.

포트컬리스 portcullis
런던탑 내부 성벽의 블래디 탑문에 붙어있는 내리닫이 격자문

유럽의 성을 방문해 성문 안으로 한 발짝 들어간 곳에서 위를 올려다보면 굉장한 내리닫이 격자문이 매달려 있는 경우가 많다. 내리닫이 격자문이 이미 철거되어버린 경우에는, 상단까지 수직으로 빠져나간 슬릿(slit)이 보인다. 내리닫이 격자문을 위아래로 움직이기 위한 공간이다. 도개교의 가동 철근을 수납하는 종구와 마찬가지로 이 슬릿도 역시 성문을 석재로 축조할 당시에 만들어진 것으로 나중에 와서 그 부분만을 철거하는 것은 불가능하다. 따라서 후세에 내리닫이 격자문과 시위를 당기는 장치는 철거되고 반석도 수정되어도 이 슬릿 만은 남는다.

공허하게 비어 있는 슬릿을 올려다보면 그곳에서 내리닫이 격자문의 환상을 보는 느낌이 들어 등골이

아일랜드의 케어 성
Cahir castle
성문에 돌을 떨어뜨리기 위한 망루와 하단이 날카롭게 모가 나 있는 내리닫이 격자문이 보인다.

유럽에 빠지는 즐거운 유혹 ③

오싹해지는 느낌이 든다면 그 사람은 유럽의 성에 전문가라고 할 수 있을 것이다.

성문의 안쪽까지의 깊이가 깊은 경우와 일본 성의 마스가타몬과 닮은 듯한 구조로 되어있는 경우는 앞뒤 이중으로 내리닫이 격자문도 설치되는 것이 통례였다.

관광여행의 가이드는 종종 다음과 같은 이야기를 들려준다. '적병이 몰려올 때 일부러 성문을 열어두고 적병을 문 안쪽으로 끌어들여 앞뒤의 내리닫이 격자문을 떨어뜨려 독 안에 든 쥐로 만들고…' 라고. 재미있는 이야기이기는 하지만 이것은 말이 안 된다. 적병이 몰려오는데 성문을 열어두는 것은 매우 위험한 도박이다. 설령 일부 적병은 독 안의 쥐 신세가 될지 몰라도 그 외 다수의 적병은 공성 사다리를 손에 쥐고 외부로부터 쇄도하고 있을 터이었다.

성의 수비병은 그것을 격퇴하기 위해 죽도록 노력하지 않으면 안되었다. '일부러 성문을 열어두고 내리닫이 격자문을 이용해 독 안의 쥐로' 라는 한가로운 이야기는 실제로는 불가능했음이 틀림없다. 내리닫이 격자문을 이중으로 설치한 이유는 어디까지나 방어를 확실하게 하기 위한 목적이었다고 생각된다.

단, 문 안으로 침입해 온 적병에 대해 머리 위로부터 공격을 가하기 위한 개구부는 확실히 만들어져 있다. 이것을 영어로는 머덜러 홀(murderer hole)이라고 해, 일본에서는 사츠진코우(殺人孔)라고 번역하고 있다. 지금은 사츠진코우는 막혀있는 것이 보통인데 그 이유는 성문의 상부에 사츠진코우가 열린 채로 있으면 실수로 누군가가 떨어질 위험이 크기 때문이다. 사츠진코우를 복원하고 강화유리를 덧댄 경우도 있다. 그를 통해 보면 개구부가 의외로 컸다는 것을 알 수 있다.

'펄펄 끓는 기름' 이야기는 어디까지가 사실인가

성벽과 성문 바로 아래까지 접근한 적을 격퇴하기 위해 펄펄 끓는 기름을 낙석용 난간에서 퍼부었다는 이야기는 어디까지가 사실일까. 낙석용 난간에 대해 설명할 때에 관광여행 가이드가 자주 꺼내는 이야기이다. 기름은 갑옷과 투구의 빈 틈으로 인정사정 없이 스며들어 적병에게 심한 화상을 입혀 데굴데굴 구르게 만들었음에 틀림없다. 목적은 마찬가지라도 끓인 물을 퍼붓는 것보다는 고온의 기름 쪽이 효과가 크고, 또 아연을 녹여 퍼붓는 것 보다는 손쉬웠을 것이다. 그러나 펄펄 끓는 기름에는 항상 화재의 위험이 뒤따른다.

이 부분에서 유럽의 성은 의외로 화재에 약했다는 것을 간과해서는 안 된다. 성문이든 성벽의 탑이든, 벽 자체는 돌과 벽돌로 되어 있지만 그 내부에는 많은 목재가 사용되었다. 각 층마다 나무 다리, 나무 바닥, 나무 계단이 있고 필요에 따라 나무 기둥과 시위를 당기는 장치 등도 있었다. 이런 모습들은 지금도 고성 안에 들어가면 알 수 있다. 밤이 되면 성의 수비병은 그러한 나무 바닥 위에 말린 풀을 두텁게 깔고 선잠을 자던 습관이 있었다. 그 외에도 성내에는 다양한 목조 건물이 있었다. 종합적으로 화재의 위험성이 매우 컸던 것이다.

만약 화재가 일어나 나무 바닥과 계단과 시위를 당기는 장치 등이 불에 타 버린다면, 설령 진화에 성공한다 해도 성문과 탑의 기능은 마비되어 버린다. 높은 탑의 경우에도 계단을 이용해 병사가 자유로이 오르내릴 수 없게 된다면 아무 짝에도 쓸모가 없다.

그 점을 고려해 볼 때 펄펄 끓는 기름을 퍼부었다는 이야기는 상당한 제한조건이 붙지 않고서는 납득이 가지 않는다. 실전에서 도움이 되기 위해서는 상당한 양의 기름을 필요로 하고, 다수의 큰 가마에 기름을 넣고 불을 가하지 않으면 안되었을 터이다. 적이 투석기를 이용해 날려보낸 돌이 우연히 큰 가마에 한 개라도 명중한다면 그 주변이 불바다가 될 가능성조차 있었을 것이다. 그렇지 않다고 해도 살기등등한 전투 중에 기름을 사용하면 이쪽 편도 바닥 등이 기름투성이가 됨은 필연적이었다. 가이드에게 흥미본위로 이야기하는 것처럼, 성문 위에 있는 돌 떨어뜨리는 망루에서 기름을 퍼부었다는 등의 이야기는 말이 안 된다. 적이 전법을 바꿔 화공을 가해 왔을 때 문방이나 성문내부의 목조 바닥 등이 기름투성이가 되어 있다면 잘 타도록 도와주는 셈이 되는 것이다.

그렇지 않아도 성을 공격하는 측은 성문 앞에 마른 나뭇잎과 폐자재, 밀짚, 말린 풀 더미 등을 산처럼 쌓아두고 불을 질러 성내로 불이 번지도록 하는 경우가 자주 있었다.

이것은 성이 아니라 성벽도시 만의 예이기는 하나 헨리2세가 1189년에 자신의 아들 리처드와 프랑스 왕 필립 2세의 군에 의해 공격당했을 때, 적에게 이용당하는 것을 두려워해 성벽의 외측에 있던 민가를 불태웠다. 그런데 불꽃이 바람을 타고 성벽 내측으로 날아들어 만의 마을에 화재가 발생해 불타버렸다. 어쩔 수 없이 헨리 2세는 태어난 고향인 만을 버리고 시논 성으로 달아났다. 이처럼 같은 편이 성 밖에 지른 불에 의해서조차 성내로 옮겨 붙은 경우가 있을 정도이니 적이 가해오는 화공은 더욱 위험했을 것이다.

펄펄 끓는 기름을 적의 머리 위로 퍼붓는 전술은, 주변에 인화물질이 없는 장소, 예를 들면 완전하게 돌과 벽돌만으로 되어있는 성벽과 성문에 한해 사용할 수 있었던 것일까. 그러므로 성벽은 차치하고라도 성문의 경우에는 부대설비로서 여기저기 목재가 사용되는 경우가 압도적으로 많았다.

역청과 베히나제

역청이라고 하면 오늘날에는 원유를 증류했을 때 마지막으로 남은 검고 끈적끈적한 물질을 말하지만, 원래는 천연의 산물이었다. 옛날부터 서아시아의 산유지대에서는 곳곳에서 역청이 땅속으로부터 솟구쳐 나와 시커먼 연못을 이루고 있었다. 사람들은 그것을 채취해 햇볕에 말린 벽돌의 방수용으로 사용하거나 배의 방수 처리 등에 사용했다. 유럽에서도 이것을 수입해 주로 선박의 방수용으로 사용했으나 독일 등지에서는 성의 방어에도 이용했다. 기름과 마찬가지로 고온에 가열해 두고 적의 머리 위에다 퍼부은 것이다.

기름의 경우와 마찬가지로 불을 사용함에 따르는 화재의 위험은 있었지만 역청 자체의 발화점은 보통 기름보다 훨씬 높아 그만큼 위험성은 적었을 것이다. 효과는 기름이상으로 고온 역청으로 인해 화상을 입은 적은 몸을 뒤틀며 흩어져 후퇴했다.

독일의 성에는 역청을 퍼붓기에 적합하도록 설계되어있는 낙석용 난간이 자주 눈에 띄며 이것을 페흐나제(Pechnase)라고 한다. 페흐는 역청, 나제는 코라는 의미. '역청을 떨어뜨리는 코'인 것이다. 실제로 페흐나제는 성벽과 성문의 위로부터 돌출되어 있는 거대한 코처럼 보인다.

귀족의 저택에도 있는 낙석용 난간

이탈리아와 스페인 등지에서 오랜 역사를 자랑하는 도시를 걷고 있으면 옛 중세에 만들어진 귀족의 저택을 자주 볼 수 있다. 로미오와 줄리엣의 이야기에도 나오는 것처럼 옛날 귀족들은 당파를 만들어 정쟁을 벌여, 무기를 들고 상대의 저택을 습격하는 일도 드물지 않았다. 그래서 대개의 저택은 규모는 작지만 성의 탑과 같은 구조로 만들고 1, 2층의 창문에는 튼튼한 철제 덧문을 붙이고 현관 문은 쉽게 부숴지지 않도록 견고하게 만들어, 그 위에는 낙석용 난간을 설치하는 경우가 많았다.

적에게 습격 당했을 때 현관 위쪽에 낙석용 난간이 있으면 방어하기 쉬웠던 것이다. 보통 때도 정체불명의 인물이 문을 노크했을 때에는 문을 열기 전에 위의 낙석용 난간에서 말을 걸어 누구인지를 확인했다. 시대가 바뀌고 그런 실용적인 가치가 사라진 다음에도 낙석용 난간의 존재는 그 저택에 위엄과 품격을 더해주는 요소로서 존중되었다. 확실히 지금도 낙석용 난간이 붙어있는 저택을 보면 왠지 모르게 고풍스러운 정취가 감도는 듯한 느낌이 든다.

성벽에 설치된 흉벽과 탑의 역할

성벽의 가장 위쪽에는 흉벽이 설치되어 있다. 성의 병사는 가능한 그 뒤로 숨어 몸을 보호하면서 응전했던 것이다. 흉벽은 한자의 凹와 凸을 합쳐놓은 듯한 형태로 되어있는 것이 보통이나 그 중에는 성의 미관을 고려해 凸 부분이 독특하게 디자인되어 있는 것, 예를 들면 화병과 같은 형태로 되어 있는 것도 있다. 또 凸 부분을 폭넓게 해, 그곳에 틈을 만들어 둔 예도 있다. 그러나 공성 시에 무엇보다 자주 사용되었던 사다리에 의한 공격에 대응하기 위해서는 단순한 凹凸 형태의 흉벽이 가장 좋았다고 전해지고 있다.

유럽에서는 본래는 성이 아닌 구조물의 위에도 자주 흉벽이 설치되었다. 교회, 수도원의 위벽, 시가지에 있는 귀족의 저택 등이 그렇다. 그 중에는 이들 건조물에 성에 준하는 방위력을 가지도록 한 경우도 있지만, 대다수는 단순한 장식이었다. 흉벽이 붙어 있으면 왠지 모르게 성처럼 보여 위엄이 더해졌기 때문일 것이다.

또 성벽에는 탑이 반드시 붙어 있었다. 성벽의 도중에 있는 것을 벽탑, 모서리에 있는 것을 우탑이라고 한다. 탑은 다음과 같은 세 가지의 역할을 수행했다. 첫째는 감시하는 역할로, 높은 곳에서 보다 신속하게 적의 움직임을 감지하고 대책을 세우는 데 도움이 되었다. 두 번째는 성벽의 방어력을 높이는 역할로 이것이 가장 중요했다. 특히 성벽 바로 아래에 붙어 있는 적은 어느 정도까지 사각에 들어버리기 때문에 격퇴하기가 의외로 어려웠지만 성벽에서 돌출해 있는 탑이 있으면 그곳에서 측면 사격을 가함으로써 사각을 없앨 수가 있었다.

세 번째는 심리적인 역할이었다. 성벽과 성문의 위로 높이 솟아있는 탑은 전쟁 시에도 평화 시에도 보는 이로 하여금 위압감이 들게 하는 효과가 있었다. 과시효과라고 불리는 것이다. 그것을 노리고 탑이 필요이상으로 호화롭고 웅장하게 만들어진 예도 드물지 않다.

널빤지 회랑과 성벽기부의 경사

다음은 성벽의 방어시설로서 일찍이 중대한 역할을 담당하던 널빤지 회랑이다. 영어로는 호어딩(hoarding), 프랑스어로는 우르(hourd)라고 불리며, 관광객을 위한 설명에는 우르라는 프랑스어가 그대로 사용되는

카르카손
Carcassonne
카르카손 콩탈 성에서 성벽과 탑의 일부로 복원되어 있는 널빤지 회랑. 우측 끝의 탑을 보면 회랑을 지탱하기 위한 버팀목을 삽입해 둔 사각형 구멍이 줄지어 있음을 알 수 있다.

경우가 많다. 우리들 일본인에게는 널빤지 회랑이라는 것은 그다지 익숙하지 않은데 그것은 널빤지 회랑이 목조였기 때문에 현재는 모두 소멸해 버렸기 때문일 것이다. 그런데 예외적으로 복원되어 있는 널빤지 회랑의 실물을 볼 수 있는 카르카손을 지면을 통한 여행으로 방문해 보도록 하자.

　카르카손은 남 프랑스에 있고 중세의 도시성벽과 영주의 성이 훌륭한 모습으로 남아있다. 이 성은 영주 카르카손 백작의 거성이었기 때문에 현재도 샤토 콩탈 즉 콩탈 성이라고 불려 성 전체가 하나의 역사 박물관으로 되어 있다. 즉 성내에 있는 다양한 전시품만이 아니라 성 그 자체로 중세의 역사를 웅변토록 하고자 하는 취지이다. 그 일환으로서 콩탈 성의 성벽과 탑의 일부에는 중세의 모습 그대로의 널빤지 회랑이 복원되어 있는 것이다.

앞서도 기술한 것처럼 적이 성벽의 바로 아래에 붙어버리면 반격을 가하기가 쉽지 않았다. 탑에서 측면 사격을 가하는 수단도 있었지만 이런 경우에 사용할 수 있는 원거리 무기는 석궁뿐으로, 석궁의 발사에는 상당한 시간이 걸렸기 때문에 탑에서 측면 사격하는 것만으로는 결코 충분하다고 할 수 없었다. 그렇다고 성벽 바로 아래에 붙어있는 적을 머리 위에서 공격하기 위해 성의 병사가 흉벽에서 크게 몸을 내미는 것은 적의 석궁에 표적이 될 우려가 있어 매우 위험했다. 성을 공격하는 측에서는 후방에 방패를 겹쳐두고 궁병을 줄지어 배치해 성벽에 접근하고자 하는 아군을 엄호하는 것이 상식이었기 때문이다.

이와 같은 위험을 없애기 위해 성벽 위에서 바깥으로 돌출된 듯한 형태로 설치된 것이 목조의 널빤지 회랑이었다. 회랑의 전면은 적의 활을 방어하기 위해 두꺼운 판자로 덮여있고 적당한 간격을 두고 화살 발사 구멍을 설치해 두었다. 회랑의 아래 면은 튼튼한 목조가 덧대어져 있어 필요에 따라 상판을 벗겨내는 것이 가능했다. 성의 병사는 이 목재 조합을 발판으로 삼아 성벽 바로 아래에 붙어 있는 적과 사다리를 걸치고 기어오르려 하는 적을 향해 머리 위에서 큰 돌을 던지거나 석궁으로 사격해 격퇴했다.

널빤지 회랑은 이처럼 성의 병사가 극히 유리한 위치에서 응전할 수 있도록 해 주는 큰 이점이 있었던 반면, 게다가 성벽의 밖으로 돌출되어 있었기 때문에 불을 지르기 쉽고 투석기로 파괴하기 쉽다는 약점이 있었다. 결국 중세말엽이 되면서 널빤지 회랑은 폐지되고 그 대신 성벽에 덧붙여진 낙석용 난간이 그 역할의 대부분을 대신하게 되었다. 단 목조 회랑이

유럽에 빠지는 즐거운 유혹 ③

개량되어 석조의 낙석용 난간이 만들어진 것은 아니다. 원래부터 낙석용 난간은 성문의 윗부분에만 설치되는 것이었는데 목조 회랑의 결점이 두드러짐에 따라 모습을 감추고 성문과 성벽의 전면에 걸쳐 낙석용 난간이 설치되게 되었던 것이다. 성에 따라서는 널빤지 회랑이 처음부터 전혀 없이 문방 위에 낙석용 난간이 있을 뿐이었다.

카르카손의 백작 성에서는 성벽과 탑의 일부에만 널빤지 회랑이 복원되어 있는데 아직 복원되지 않은 부분을 잘 살펴보면 회랑을 지탱하기 위한 버팀목을 삽입해 두었던 네모난 구멍이 질서정연하게 간격을 두고 석조 성벽의 외부에 남아있음을 알 수 있다. 그리고 이러한 네모난 구멍의 예는 백작 성만

슈발리에 성
Crac des Chevaliers
시리아에 남아있는 십자군의 성채 슈발리에 성. 벽의 흉벽이 무너져버렸기 때문에 성벽 아래에 있던 낙석용 난간의 구조를 잘 알 수 있다.

이 아니라 카르카손 마을 전체를 감싸고 있는 성벽 및 성문에 있어서도 확실하게 흔적이 남아있다.

그런데 낙석용 난간에 뚫린 구멍의 크기는 어느 정도였을까. 현재 관광객에게 공개하고 있는 중세의 성에서는 대부분의 경우 뚫린 부분을 콘크리트나 돌로 막아 버렸다. 초등학교 저학년 정도의 어린아이는 그냥 빠져버릴 정도의 크기로, 매우 위험하기 때문이다. 그 정도의 크기가 되지 않고서는 실전에서 도움이 되지 않았을 것이다. 지금은 완전히 막혀 있기 때문에 대부분의 관광객은 그곳에 큰 구멍이 뚫려있었던 것을 눈치 채지 못한다.

드물게 뚫린 부분에 철봉이나 격자를 덧대 추락의 위험을 방지함과 동시에 아래가 보이도록 해 둔 성이 있다. 이렇게 되어 있어 낙석용 난간의 느낌을 잘 알 수 있다. 아무런 손잡이조차 없이 커다란 구멍이 뚫려있는 예도 있다. 이것은 성은 아니고 도시성벽의 경우이긴 하나, 프랑스의 부르타뉴 지방에 있는 콩카르노 구 시가지의 성벽이 그러하다.

이 구 시가지는 항구 입구에 있는 돌섬을 점유하고 있어 성벽의 바깥은 바로 바다이다. 옛 모습 그대로 뻥 뚫려있는 낙석용 난간에서 아래를 내려다보면 푸른 바닷물이 보인다. 성벽을 오르는 입구에는 관문이 있고 유료이며 그곳에서부터 어린 아이가 떨어지지 않도록 주의를 하는 것은 부모의 책임으로 규정되어 있는 듯 했다.

마지막으로 성에 따라서는 성벽 기부가 기울어져 전방으로 돌출되어 있다. 이렇게 해두면 성벽 기부가 한층 견고해 짐과 동시에 위에서 떨어뜨린 돌이 튀게 되어 적에게 보다 많은 손실을 입힐 수 있었다. 이렇게 기울어진 부분이 없으면 적에게 명중하지 않은 돌은 바로 아래로 떨어져 버리기 때문에 효과가 적었던 것이다.

석궁(crossbow)

석궁이라는 것은 일종의 기계 활이다. 세계에서 처음으로 석궁을 사용한 것은 중국으로, 전국시대 초나라에서 발명되었다고 전해진다. 한나라 시대에는 널리 사용되어 북방에서 침입해 오는 이민족을 격퇴하는데 있어 큰 위력을 발휘했다.

유럽의 석궁은 이것과는 다른 계통으로 로마시대부터 존재했던 스콜피온(투석기 항목 참조)을 중세에 접어들어 이탈리아에서 개량한 것. 스콜피온은 커다란 받침대에 붙어 있어 두 사람이 조작해야 할 필요가 있었던 데 비해, 석궁은 휴대용으로 혼자서도 조작이 가능했다.

일설에 의하면, 중국에 기원을 둔 석궁이 실크로드를 통해 지중해 세계로 전해졌다는 말도 있다. 그 진위는 차치하고 중국과 유럽 사이에 펼쳐져 있는 서아시아에서는 석궁이 전혀 사용되지 않았다. 말 위에서도 사용할 수 있는 보통 활이 중시되었기 때문일지도. 십자군의 침공을 받았을 때 서아시아의 이슬람 세력은 석궁을 가지고 있지 않아서 십자군의 석궁에 의해 때때로 큰 손실을 입었다는 기록이 남아있다.

유럽의 성과 박물관에는 석궁이 전시되어 있는 경우가 많아서 실물을 본 사람도 많을 것이다. 그런데 이러한 석궁에서는 〈등자〉와 시위를 당기는 장치가 제거되어 있기 때문에 실제로 어떻게 조작을 했는지는 그냥 보는 것만으로는 잘 알 수 없다. 15세기 말에 화승총이 보급됨에 따라 석궁은 사용하지 않게 되어 그 후로는 단순한 장식품으로 변해갔는데, 장식품으로 사용하기에는 〈등자〉도 시위를 당기는 장치도 필요하지 않을 뿐더러 눈에 거슬리기조차 했기 때문에 제거되어버린 것 같다. 현재 우리들은 그런 중요한 부품이 빠져 있는 석궁을 성과 박물관에서 보고 있는 셈이다.

그럼 그림을 참고로 석궁의 구조와 조작법을 살펴 보도록 하자. 활 부분은 강철 용수철로 만들어져 있는데 그 밖에도 활 부분이 나무로 되어있는 간단한 석궁도 있었다. 간단한 쪽은 〈등자〉도 시위를 당기는 장치도 필요하지 않아, 보통의 활과 마찬가지로 손으로도 잡아당길 수 있었다. 그 대신 관통력은 약해 대부분 사냥 등에 사용되었다. 유명한 윌리엄 텔이 손에 들고 있던 석궁이 그러했다. 일반적으로는 강철 용수철로 만들어진 쪽이 사용되어, 근거리라면 갑주조차 관통해 버릴 정도의 힘이 있었다. 그렇게 살상력이 너무나도 강했기 때문에 로마교황이 때때로 석궁 금지령을 내릴 정도였다.

석궁을 영어로는 크로스 보우(십자궁)라고 한다. 화살이 놓이는 총신과 활 부분이 십자 형태로 되어 있었기 때문이다. 이 총신 부분을 중국에서는 쇠뇌(臂)라고 부른다.

발사하기 위해서는 먼저 석궁을 지면에 세운 후 발로 〈등자〉를 누르고 양손을 사용해 시위를 당기는 장치를 돌려 강철 용수철로 되어있는 화살을 잡아 당긴다. 총신에는 방아쇠가 붙어 있어 잡아당긴 상태로 고정시킬 수 있다. 그 후 석궁을 집어 올려 화살을 잡고 조준을 한 후 방아쇠를 당겨 발사한다. 이와 같은 조작이 필요했기 때문에 한번 발사하는 데 보통 활보다 5배의 시간이 걸렸다. 시간이 걸린다는 것이 석궁의 최대 약점이었지만 관통력은 대단했다. 또 총신에는 활을 유도하는 홈이 패여 있어 명중도는 상당히 높았다.

석궁은 박물관에 많이 전시되어 있는데 전장은 약 40센티, 나무로 만들어진 단면은 정방형, 그리고 보는 것만으로도 오싹해지는 무겁고 날카로운 화살촉이 붙어 있다. 석궁은 무엇보다 갑주를 관통시키는 것이 목적이기 때문이다. 화살이 무겁기 때문에 비거리는 짧아 포물선을 그리듯 발사해도 고작 25미터에 그쳤다. 그

스페인의 코카 성(coca castle)에는 석궁을 쏘기 위한 화살 발사 구멍이 뚫려 있다.

리고 갑옷을 관통시키기 위해서는 40미터 이내가 아니면 안 되었다.

유럽 성의 화살 발사 구멍은 거의 대부분 석궁을 위한 것이었다. 두꺼운 성벽 내부에 설치되어 있는 화살 발사 구멍과 바닥에 가까운 곳에 있는 화살 발사 구멍 등을 보면 잘 알 수 있는데 예를 들어 일본식 활이라면 이런 곳에서는 사용할 수 없다. 활을 겨누려 해도 위아래로 걸려 버리고 만다. 석궁이라면 이런 위치와 형태의 화살 발사 구멍이 절호의 위치인 것이다.

그 외 성의 공방전에서는 스콜피온과 많이 닮은 반고정식 대형 석궁도 사용된다. 이것 또한 역사박물관 등에서 볼 수 있다.

중세 성의 화장실 사정

성의 성벽 위를 걸어보면 대개 어느 곳엔가 옛날의 화장실이 있다. 이미 사용되지 않은 지 오래되어 깨끗하게 복원되어 있거나 하기 때문에 그것이 화장실이라는 것을 눈치채지 못한 사람도 많은 것 같다.

중세의 성에서는 성주와 그 외 신분이 높은 자들은 '요강'을 사용했으나 그 외 대다수의 사람들은 성벽 위에 있는 화장실에서 볼일을 보았다.

　　　　　　　　　　　유럽에 빠지는 즐거운 유혹 ③

돌로 지어진 성벽 일각이 밖으로 돌출되어 있고 바닥에는 양동이 정도 크기의 둥근 구멍이 뚫려 있는 것이 그것이다. 중세사람들도 역시 프라이버시를 고려한 모양으로 화장실이 있는 곳만은 흉벽이 이중으로 되어 있어 직접적으로는 보이지 않게 되어 있다.

그런 점을 제외하면 낙석용 난간도 화장실도 기본적으로 동일한 구조이다. 성벽 위에서 그대로 밑을 향해 한편으로는 돌을, 한편으로는 황금색 덩어리를 떨어뜨린 것이다. 바람이 강한 날에는 성벽에 부딪히는 바람이 아래에서 불어올라 엉덩이는 시리고 이제 막 배출한 수분이 바람에 날려 거꾸로 솟구치는 등 여러모로 어려움이 많았을 것으로 생각된다. 지금까지 남아있는 화장실 구멍으로 밑을 내려다보면 성벽 기부와 초지, 또는 해자에 고인 물이 바로 아래로 보인다. 요약하면 흘려 내보내긴 했어도, 결국 오물은 바람에 날리고 물에 섞이는 등 자연의 정화작용에 맡겨졌던 것이다.

당시에는 성벽의 어느 곳에 화장실이 있는지 밖에서 보면 금세 알 수 있었을 것이다. 성벽의 특정 부분만이 누렇게 되어 있거나 마른 풀이나 밀짚 등이 들러붙어 있기 때문이다. 유럽에서 처음으로 종이가 만들어진 것은 12세기인데 그 후로도 종이는 계속 귀중품이었기 때문에 화장실에서 사용한다는 습관은 없었다. 화장실에서는 오직 마른 풀이나 밀짚을 사용했다. 마른 풀과 밀짚은 가축의 먹이 혹은 방바닥에 까는 등의 용도로 사용했기 때문에 어디서나 쉽게 구할 수 있었던 것이다.

화장실의 위치에서 성 밖에서도 쉽게 알 수 있었던 점은 때로 비극을 초래했다. 1204년에 영국군이 농성하던 가이알 성에 프랑스군이 공격해 왔을 때, 영국병사들은 허술하게도 프랑스 병사들이 야음을 틈타 사다리를 사용해 화장실을 통해 성내로 침투해 온 것을 눈치채지 못했다. 프랑

성벽 위에 남아있는 화장실

스 병사들은 내부에서 성문을 급습해 도개교를 내리고 숨을 죽이고 성밖에서 대기하고 있던 아군 공격부대를 끌어 들였다. 영국 병사들은 죽을 힘을 다해 항전했으나 결국 성을 빼앗기고 말았던 것이다.

어떠한 사정으로 인해 성벽 밖으로 직접 오물을 뿌리는 것이 불가능해진 경우에는 성벽 내부 혹은 탑의 내부에 화장실을 마련했다. 그래도 구조는 동일해 수직으로 뚫린 구멍을 통해 바로 낙하시키는 방식이었다. 배설물은 일단 반지하식의 오수저장고에 모여져 터널 형태의 배수로를 통해 성벽 아래를 통과해 성밖으로 배출되는 구조였다. 프랑스 아비뇽의 교황궁에는 그 실례가 남아있다. 이 교황궁은 이름은 궁전이지만 실질적으로는 성채로, 시가지 속에 위치하고 있기 때문에 위와 같은 방식을 취한 것이다. 이러한 방식을 취해도 결과적으로는 적에게 이용당할 위험은 피하지 못했던 모양이다. 아비뇽 교황궁도 오수 배출구를 통해 성내로 침투해 들어온 적병에 의해 험한 꼴을 당했던 것이다.

유럽에 빠지는 즐거운 유혹 ③

중세의 성은 어떤 식으로
발전해 왔는가

킵의 대형화와 2, 3중 구조의 베일리

중세의 성 부분에 대한 이해가 깊어졌으니 다시 그 전체상으로 되돌아가, 이른바 구역의 변모를 되짚어 보도록 하자.

앞서 기술한 바와 같이 중세 성의 출발점이 된 모트 베일리 양식에서는 성의 중핵을 담당하는 킵이 처음에는 거의 목조였으나 차츰 견고한 석조로 개수되어 갔다. 높게 솟아있던 모트가 원형이었던 것에 맞춰 그 위에 세워진 석조 킵도 초기에는 원탑 형태가 보통이었다. 이것을 특히 셸 킵이라고 한다. 그 좋은 예로서 우리들은 이미 윈저 성의 라운드 타워를 보았다.

대다수의 경우 킵은 영주의 거주 공간으로서 일상적인 활동의 중심이 되는 장소이기도 했기 때문에 시대가 흐름에 따라 좁은 모트 위에 지어진

셸 킵형의 좋은 예로서 윈저 성의 라운드 타워와 컨센트릭 형의 런던타워

셸 킵으로는 장소가 비좁아져만 갔다. 그래서 모트의 존재에 연연하지 않고 커다란 각진 탑을 만들게 되었다. 이것을 스퀘어 킵이라고 한다. 이처럼 '모트의 위에'라는 제약이 사라지고 난 다음부터는 킵을 얼마든지 크게 만드는 것이 가능해졌다. 또 높은 모트 위에 있으면 주위가 잘 보여 수비하기 쉽다는 이점이 있기는 했는데, 이제는 킵 자체가 크고 높은 각탑으로 변신해 이와 같은 이점을 겸비하기에 이르렀기 때문에 평지에 건설해도 용이하게 되었다.

그 후의 축성에서도 부지 중에서 가장 높은 장소를 골라 킵을 건설하는 것이 통례이기는 했지만 모트를 짓던 장소처럼 인공적인 흙 언덕을 조성하는 일은 없어졌다.

모트에 딸린 베일리의 위벽도 또, 앞서 기술한 바와 같이 처음에는 토루에 목책이었으나 차츰 석조 성벽으로 개수되어 갔다. 그렇게 해서 적어도 이단구조, 때로는 삼단구조의 베일리를 설치하는 것이 보통이 되었다. 적은 2단계로 되어 있는 방어선을 차례차례 돌파하지 않으면 킵에 접근할 수 없는 것으로, 그만큼 성의 방어력이 상승했다. 또 시대의 흐름과 함께 영주의 경제력이 커지고, 연공(年貢)이 상승하고, 전쟁에 동원할 수 있는 병사의 수가 늘고, 그에 수반해 보다 큰 창고, 무기고, 병사와 고용인의 숙소, 예배당, 마구간, 가축우리, 건초저장소 등의

유럽에 빠지는 즐거운 유혹 ③

건물을 성내에 건설할 필요가 생겼기 때문에 아무래도 베일리의 면적을 넓힐 필요가 있었다.

이단구조가 되어 있는 베일리 중, 총문(외문)에 이어져 있는 쪽을 로우어 베일리 또는 아우터 베일리라고 하고, 그 다음에 있어 킵과 접하고 있는 쪽을 어퍼 베일리, 또는 이너 베일리라고 한다. 삼단구조로 되어 있는 경우에는 한가운데를 미들 베일리라고 한다. 윈저 성처럼 베일리라고는 하지 않고 워드라고 부르는 성도 있다. 이런 호칭은 일종의 고유명사로서 구획마다 명칭이 정해져 있었다. 일본에서는 아래 울타리, 중간 울타리, 위 울타리, 또는 외곽, 중곽, 내곽과 같이 번역하고 있다.

컨센트릭 형의 성이 주류로

13세기 말엽부터 성이 점점 대규모화함에 따라, 킵을 중심으로 성벽과 탑 등의 방어시설이 주변을 감싸는 양식이 주류가 되었다. 이것을 컨센트릭(동심원)형 성이라고 해, 13세기에 확장된 이후의 런던탑이 그 좋은 예이다. 동심원형이라고 해도 원형을 띠고 있는 경우는 드물어 대개는 각형, 혹은 지형에 따라 불규칙한 형태를 하고 있다. 원래 컨센트릭이란 '중심을 같이하고 있다' 라는 의미이다. 종래의 베일리에 상당하는 부분은 동심원 내의 어딘가에 집어 넣어졌다. 일본의 많은 성들이 주성을 중심으로 해 외성, 외성의 외성이 그를 둘러싸는 형태로 되어있는 것과 비슷하다.

컨센트릭 형 성은 내외이중의 성벽을 갖추고 있는 것이 보통이다. 마찬가지로 이런 형태의 성에서도 초기에는 내성벽과 외성벽 사이가 한참 벌어져 있었다. 그래도 방위선을 이중으로 구축하고자 하는 목적은 달성되었다. 그러나 외성벽에서 싸우고 있는 한, 말하자면 내성벽은 놀고 있는 상태였다. 그것은 바람직하지 않았기 때문에 내성벽을 매우 높이고, 거기다 외성벽에 접근시켜 내성벽의 키를 넘기고 적에게 공격을 가할 수 있도록 했다. 성을 공격하는 측으로서는, 눈앞에 있는 외성벽뿐만이 아니라 그 바로 너머에 높이 솟아있는 내성벽 위에서도 석궁의 화살과 돌이 날아왔기 때문에, 외성벽을 돌파하는 것이 한층 어려워졌다. 그리고 방어선이 이중으로 되어있다는 점에서는 변화가 없어 설령 외성벽을 돌파하는 데 성공했다고 해도, 더욱 견고한 내성벽이 기다리고 있었다.

성을 지키는 입장에서는 만에 하나라도 외성벽을 적에게 빼앗긴 경우를 대비해 사진과 같이 외성벽의 탑 안쪽은 열어 두는 것이 정석이었다. 이것이 완전한 형태의 탑이라면 적에게 빼앗긴 후 거꾸로 적의 거점으로 활용될 수 있다. 안쪽이 열려있다면 그에 대한 염려는 없어지고 역습해서 탈환하기에 유리했다. 실전에서의 실패했던 경험을 통해 이처럼 내성벽의 탑 안쪽을 열어둔다는 지혜가 생겨났다 그 실례는 유럽 각지의 성에서 볼 수 있는 기회가 많다.

더 나아가 킵 게이트하우스 형의 성으로 발전

이렇게 해서 완성의 영역에 도달한 컨센트릭 형 구역은, 다음으로 킵 게이트하우스 형 구역으로 이동해 간다. 원래 성내에 있는 모든 건조물 중에서 가장 높고 가장 견고한 것은 킵이다. 내성벽을 외성벽에 접근시켜 양자의 협력관계를 구축하고자 하는 방식으로 밀고 나가면 킵이 놀고 있는 상태인 채로 내버려두는 것은 불합리했다. 내성벽까지 돌파 당해 드디어 최후의 거점이 되어서야 처음으로 킵이 그 실력을 발휘하게 되는 것은 아까운 일이었다.

그래서 킵을 최일선으로 옮겨와 처음부터 방위에 도움이 되도록 한 것이 킵 게이트하우스 형의 성이

카르카손 외성벽
안쪽이 열려있다. 이 탑도 바깥쪽에서 올려다보면 상당히 높다.

다. 내외 이중의 성벽을 구비하고 있는 성의 경우에는, 킵을 내성벽의 문과 합체시키는 것이 통례였기 때문에, 킵 게이트하우스라는 이름이 생겨났다. 내성벽 문의 방어력을 더더욱 강하게 해 절대로 적의 침입을 허용하지 않겠다는 의지이다. 게다가 신중에 신중을 기해, 적이 설령 내성벽의 문을 돌파해도 안마당에 들어온 것뿐으로 그곳에서 다시 킵에 오르기 위해서는 다시 몇 겹이나 되는 저항선이 기다리고 있는 구조였다.

축성을 위한 경비라는 면에서 봐도, 방비가 견고한 성문과 킵을 각각 따로 만드는 것 보다는, 양자를 합

알카사르 성
Alcazar Castle
스페인 세고비아에 있는 알카사르 성. 서쪽은 높은 대지의 돌출된 끝자락에 면하고 있어 견고하나 동쪽은 지면과 완만하게 이어져있어 공격 당하기 쉬웠기 때문에 깊은 빈 해자로 처리하고 장대한 킵 게이트하우스를 설치해 수비를 견고하게 했다.

유럽에 빠지는 즐거운 유혹③

체시키는 쪽이 훨씬 저렴했다. 어느 쪽이든 축성에는 막대한 경비가 들었는데 언제나 재정 압박에 시달렸던 국왕과 봉건영주의 입장에서 보면, 방어력을 희생하는 일 없이 축성비용을 절약할 수 있는 킵 게이트하우스 형은 큰 이점을 지니고 있었음에 틀림없다.

내외 이중 구조의 성벽을 가지고 있지 않은 성의 경우에도 킵 게이트하우스 형의 아이디어는 활용되었다. 여행 중 자주 들르는 성 중에서는, 스페인의 세고비아에 있는 알카사르가 좋은 예이다. 참고로 알카사르라는 이름의 기원은 아랍어로 '왕성'이라는 의미인데, 일찍이 이슬람교도인 무어인이 다수의 성을 건축한 스페인에는 알카사르라는 이름의 성이 각지에 남아있다. 이 세고비아의 알카사르도 그 중 하나인데 현존하고 있는 성은 13세기 이후에 근본적으로 개축된 것들이다.

알카사르 성
서쪽은 이와 같이 높은 대지의 돌출된 끝자락에 면하고 있다.

세고비아의 알 카사르는 대지의 돌출된 끝자락에 위치하고 있다. 돌출된 끝자락의 삼면은 깎아지른 듯한 절벽을 이루고 있어 수비는 튼튼하다. 최대의 약점은 대지와 이어지는 부분으로 깊은 빈 해자를 설치해 두기는 했지만 결코 만전을 기했다고는 할 수 없었다.

전투가 시작되면 적은 수목을 베어 쓰러뜨려 던져 넣거나 가까운 민가를 닥치는 대로 파괴하고 재목과 벽돌을 던져 넣어 빈 해자를 메우려 할 것이 뻔했기 때문이다. 그래서 성내에서 가장 높고 가장 견고한 킵을 이 위치에 옮겨두어 방위력 강화를 꾀했다. 그렇게 해서 성문은 이 킵에 의해 확고하게 지켜졌다.

또 스페인에서는 킵을 일반적으로 토레 데 오메나헤(torre de homenaje)라 부른다. 세고비아의 알카사르에서도 그렇다. 오메나헤란 봉건시대의 가신이 주군에게 바친 충성의 맹세를 의미. 충성을 맹세하는 의식은 킵의 안에서 행해졌기 때문에 이러한 명칭이 생겨났다.

지형적으로 가장 약점이 되는 장소에 킵을 설치하고 방어력을 보완한 예는 이 외에도 많다. 12세기 이후에 유럽에 나타난 건축기술의 혁신 중에는 십자군이 동방에서 배워온 성과를 적용한 부분이 적지 않은데 킵의 위치에 대한 새로운 사고방식도 그 중 하나라고 한다.

중세 성城에서의 생활

방비를 우선시하여 주거의 편의를 무시했던 축성

4장에서도 상세하게 기술하겠지만 유럽에서는 18세기 후반부터 낭만주의 사조가 유행해 문학, 연극, 음악, 건축 등 다양한 분야에서 세상사람들에게 깊은 영향을 끼치게 되었다. 낭만주의의 주장 중 하나가 중세에의 동경, 중세에 대한 찬미로, 예를 들면 그것은 바그너의 악극, 각지에서 실시된 고성의 복구, 중세풍의 의고성(擬古城) 건설 등에서 잘 나타난다.

그러나 당시 사람들이 믿고 있었던 것처럼, 그리고 현재의 우리들이 왠지 모르게 상상하고 있는 것처럼 중세 성에서의 생활은 그렇게 로맨틱 했던 것일까. 한마디로 성이라고 해도 위로는 국왕과 대 제후들부터 아래로는 아주 적은 영지밖에 갖지 못한 기사에 이르기까지 다양한 성이 존재했었지만, 종합적으로 중세의 성에서의 생활은 그렇게 편하기만 한 것은 아니었다는 것이 역사학자들의 의견이다.

　성주와 그 가족은 성밖에 별도의 저택을 마련해놓고 그곳에 살지 않는 한 성내의 킵에서 생활했다. 앞에서도 기술한 것처럼 킵의 석벽은 무척 두껍고, 1, 2층에는 창문이 없고, 3층부터 위로는 설령 창이 있다고 해도 매우 좁았으며, 수도 제한적인 경우가 보통이었다. 유리는 매우 귀중품이었던 데다 투석기로 공격 당하면 한방에 끝장이었기 때문에 성의 창문에 사용되는 일은 없었다. 성의 창문에는 튼튼한 나무덧문이 붙어 있었는데 창이 매우 좁고 숫자도 제한되어 있었기 때문에 덧문을 모두 열어놓아도 통풍과 채광은 매우 열악했다.

독일 뉘른베르크 성 내에 있는 건물
옛날의 나무덧문 안쪽에는 현재 유리창도 들어가 있다.

지금도 고성의 창문에는 나무덧문이 많이 붙어 있는데, 그 모두가 통일된 색과 디자인으로 통일되어 있어 전체적으로 보았을 때 매우 아름답고 로맨틱하게 느껴진다. 그러나 이러한 나무덧문으로 지켜지고 있는 방의 실정은 어떠했을까. 현재는 나무덧문 안쪽에 또 한 장의 유리가 있기 때문에 문제가 없지만 그 옛날 중세에는 나무덧문만이 있었다. 비바람이 세찬 날과 추위가 심한 날 등에는 나무덧문을 꼭 닫을 수 밖에 없었다. 그렇게 되면 통풍과 채광이 나쁜 정도가 아니라 낮에도 실내는 아주 어두웠다.

　킵의 출입구는 이단으로 설계되어 떼어 낼 수 있는 사다리를 걸어 두고 만일을 대비해 밤에는 사다리를 안으로 끌어올려 두는 것이 보통이었다. 지금도 고성의 킵을 보면 이전 출입구의 흔적이 그대로 성벽 위에 남아 있는 경우가 많다. 후세에 그곳만 별도로 돌을 쌓아 막았다는 것을 잘 알 수 있다. 킵의 위층은 위병 대기소, 무기고 등으로 사용했다. 일층에는 출입구도 창문도 없고 이층에서 돌계단을 통해 내려가는 용도로 사용될 뿐이어서 특별히 불을 밝히지 않는 한은 언제나 캄캄했고 통풍성도 제로에 가까웠다. 그래서 일층은 대부분 창고와 외양간으로 사용되었는데 특히 지하실이 있는 경우에는 그곳을 감옥으로 사용했다. 고성 견학 코스에는 이런 지하감옥이 자주 포함된다. 지금은 전등으로 완전한 조명이 들어와 있으나 '만약 정전이 된다면 어떻게 될까' 라고 상상을 해보면, 그 옛날의 음침함을 어느 정도 느낄 수 있다.

　성주와 그 가족은 킵 안에서 가장 조건이 좋은 위층에서 생활을 했으나 그것도 현대인이 생각하는 것과 같은 거주성과는 상당히 거리가 있었음에 틀림없다. 중세의 성은 방어를 무엇보다 우선시해서 거주성의 편의는 그 다음, 그 다음의 다음 문제였다.

중세의 창문과 유리

유리의 역사는 매우 오래되어, 고대 오리엔트 시대까지 거슬러 올라간다. 로마시대에는 아직도 귀중품이기는 했지만 상당히 양산이 이루어져 향유와 향수를 담아두는 병, 장식품, 벽면과 수조 등에 붙이는 모자이크의 재료, 카메오(cameo)의 재료 등으로 사용되었다. 카메오가 지금은 두꺼운 조개 껍질에 새기지만 로마시대에는 조개 껍질이나 색깔 있는 돌이나 그 외 색유리에도 새겨졌다. 각지의 박물관에 이러한 로마시대의 유리제품이 많이 전시되어 있다.

중세에 들어 비잔틴제국과 이탈리아에서는 교회의 벽면 모자이크 재료로서 유리가 널리 사용되었다. 그리고 고딕시대가 되면, 대성당의 커다란 창문 전체에 색이 아름다운 스테인드 글라스가 붙여지기에 이른다. 그러나 유리가 매우 귀중품이었다는 것에는 변함이 없어 일반 건물에서 창문에 유리가 사용되는 것은 매우 이례적인 경우에 한해서였다.

현재와 같은 유리창이나 거울에 사용하는 판유리 제조법이 개발된 것은 18세기 프랑스이다. 그때까지는 유리를 불어 평평하고 낮은 플라스크와 같은 형태로 해, 바닥의 둥글고 평평한 부분만을 모아서 연선(鉛線)으로 고정시켜 창문에 끼워 넣었다. 연선의 단면은 H형, 즉 양쪽에 홈이 파진 구조로 되어 있다. 그곳에다 양쪽에서 둥근 유리 조각을 끼워 넣고 틈이 생기는 곳에는 작게 마름모꼴로 자

새롭게 만들어진 고풍스러운 창유리

른 유리조각을 끼운 다음 작은 추로 두들겨 연선을 조여 유리틀을 고정했다. 연선으로 만들어진 그물망 속에 둥근 유리조각과 작은 마름모꼴의 유리조각들이 빈틈없이 늘어서게 된다. 이와 같은 '고풍스러운 창유리'는 지금도 유럽의 레스토랑 등에서 종종 볼 수 있다. 진짜 옛날의 '고풍스러운 창유리'도 있는가 하면 건물에 낡은 느낌을 더하기 위해 현대에 들어 새롭게 만들어진 '고풍스러운 창유리'도 있다. 옛날 것인지 지금 것인지는 유리조각을 잘 보면 대강 알 수 있다. 둥근 화병바닥과 같은 유리조각이 어느 것이나 다 틀로 찍은 듯이 균일하고 유리의 색이 투명하다면 그것은 새로운 것이다. 유리조각 하나하나가 미묘하게 다르고 유리의 색이 흐려있다면 옛날 것일 가능성이 있다.

'창에는 나무 덧문, 닫으면 암흑'이라는 것이 중세의 상식이었는데 조금이라도 바깥의 빛을 들어오게 하고 싶은 경우에는 나무 덧문의 한 가운데에 마름모꼴이나 하트 모양의 작은 틈을 만들어 두었다. 그렇게 하면 완전히 어두워지지는 않았지만 역시 추위에 견딜 수 없었기 때문에 겨울에는 틈에 뚜껑을 씌울 수밖에 없었다. 언제나 어느 정도까지는 밝게 해두고 싶은 경우에는 나무 덧문의 틈을 보다 넓게 만들고 기름을 먹인 양피지를 그곳에 붙였다. 양피지는 양이나 송아지의 가죽을 무두질해 잡아 늘린 것으로 희미하게나마 빛을 투과시켰다.

양피지를 붙이는 것도 일종의 사치였는데 그것을 능가하는 최고의 사치가 앞서 기술한 바와 같이 창유리를 끼우는 것이었다. 창유리를 끼우는 것은 13세기경부터 차츰 시작되어 15세기경에는 부유한 상인의 집, 시참사연회장, 조합회관 등에 사용되었다. 이러나 저러나 창유리는 서민에게는 그림의 떡으로 그 훌륭함은 찬탄의 대상이 되었음이 틀림없다.

성의 경우에는 방위상의 필요성에서 특히 튼튼한 나무덧문을 붙였는데 예를 들면 안쪽의 방 등에서는 나무덧문의 안쪽에 또 한 겹 유리문을 덧붙이는 경우가 있었을 지도 모른다.

유럽에 빠지는 즐거운 유혹 ③

구조상의 한계로 피할 수 없었던 엄격한 조건

히메이지 성과 그 외의 화재를 면한 일본의 고성을 보면 유럽의 성과 구조적인 차이를 느끼게 된다. 일본의 성은 석재 받침 위에 건물을 올리고 내구력과 내화성을 높이기 위해 건물 외측에 회반죽을 두텁게 바른다. 이와 같이 형성된 성곽의 안쪽에는 또 별개의 건물이 있고 좁지만 뜰이 있었다. 현존하고 있는 성은 대부분이 아츠지 모모야마 시대나 에도 시대 초기에 세워진 것들로 전국시대의 성은 더욱 간소했으나 구조의 기본은 마찬가지였던 것으로 생각된다. 텔레비전 드라마 등에서 자주 등장하는 성 내부의 정경, 작은 정원이 있어 수목이 자라고 수목과 이어지는 일본식 방이 있는 정경은 사실과 그렇게 괴리되지는 않은 것으로 생각해도 좋지 않을까. 이와 같은 구조라면 거주성은 나쁘지 않았을 것이 틀림없다.

일본의 성에서는 돌 받침대와 건물과는 별개였던 데에 비해 유럽에서는 돌로 만들어진 성문과 탑 등이 성벽(커튼 월이라 한다)에 연결돼 일체화되어 성곽을 형성하고 있다. 킵과 그런 성벽에 조합된 부분도, 킵 만으로 작지만 독립된 성곽을 이루고 있는 경우 등도 있었다. 그 외 성내에 별도로 만들어져 있던 건물은 예배당, 병사들의 숙소, 마구간, 창고 등으로 부속적인 의미 밖에 가지지 않았다. 성주는 위엄을 유지하기 위해서도 킵 안에서 생활하며 킵 안에서 다양한 행사들을 주관했다. 성주에 딸린 기사들은 신분에 따라 킵 안이나 탑 안에 있는 방을 부여받았다.

그러니까 유럽에서는 성주 그 외의 주인이었던 자들은 석조 성곽 그 안에서 생활을 했던 것이다. 돌이 아니라 벽돌로 만들어진 경우도 마찬가지였다. 성곽인 이상 적의 공격을 막아내도록 하는 것이 무엇보다도 중요했기 때문에 거주성을 희생하지 않으면 안 될 이유였던 것이다.

유럽의 성에서 커다란 창문이 몇 개씩이나 열리고 되고 넓고 아름다운

정원이 만들어지게 된 것은 근세로 접어들어 대포가
발달해 중세의 성벽이 쓸모 없어지게 된 이후의 일이
다. 그 이전까지 성내에서의 생활이 어떠했는지, 현
재까지도 중세모습 그대로 남아있는 고성을 방문할
기회가 있다면 잠시 상상력을 발휘해 보는 것도 재미
있을 것이다.

　중세의 큰방 등에서는 옛 난로가 대개 그 모습 그
대로 남아있다. 이미 태반이 폐허가 된 성에서, 지붕
은 없어지고 석벽만이 남아있는 경우에도 벽과 일체
화되어 있는 난로와 굴뚝의 흔적은 확실히 구분할 수
있다. 얼어붙듯 추운 유럽의 동절기에 석벽으로 둘러

타라스콘 성
Tarascon Castle

프랑스의 타라스콘 성은 근
세에 들어 계속 감옥으로 사
용되었기 때문에 그다지 개
조되는 일 없이 거의 중세
그대로의 모습으로 오늘까
지 남아있다.

발사 구멍을 구비한 흉벽과
낙석용 난간의 배열, 로느
강에 면한 던전(킵)으로 작은
창문이 극히 제한된 장소에
설치되어 있을 뿐이다.

싸여 있는 성이 큰방을 이러한 난로로 구석구석까지 효과적으로 데울 수 있었던 것일까.

개인 주택의 거실 등을 데우는 정도라면 모르겠지만 성의 커다란 방을 데우기 위해서 난로는 매우 비효율적인 장치였다. 얼굴이 화끈거릴 정도로 더운 것은 난로의 바로 앞에 진치고 있는 소수의 높은 양반들만으로, 아랫자리에 대기하고 있는 대부분의 사람들은 추위에 떨어야 했다. 주변의 두꺼운 석벽과 벽돌 벽에 점점 열을 빼앗겨 공기와 차갑게 식어 있는데다 난로로부터의 복사열은 전혀 전해지지 않는 것이다. 난로에서 발생하는 열의 대부분은 그대로 굴뚝을 통해 밖으로 달아나 버린다. 더욱 안 좋은 것은 난로에서 기세 좋게 불을 지피면 지필수록 굴뚝을 통해 더 많은 공기가 빠져 나가버려 그만큼 쓸데없이 방안의 나무 덧문에서 차가운 외풍이 새들어 온다. 아랫자리에 대기하고 있는 사람들은 추위에 이러지도 저러지도 못해 옷이란 옷은 죄다 껴입고 참고 견디는 것이 고작이었다. 난방 문제 하나를 들어보아도 중세 성의 가혹한 생활조건을 알 수 있다.

3

중세의 성벽도시를
방문하다

도시의 자유와 독립의 상징, 성벽 안에서의 시민들의 생활을 더듬으며

중세도시는
어떻게 해서 생겨났는가

유럽의 참모습을 볼 수 있는 구시가지

　오랜 역사로 채색된 중세도시를 방문하는 것은 유럽여행에서 누릴 수 있는 큰 즐거움 중 하나. 훌륭한 성벽과 성문이 남아있다면 더 말할 것도 없지만 그렇지 않다고 해도 중세도시의 매력은 그 속이 깊다. 그 옛날, 성벽에 둘러싸여 있던 구 시가지에는 수백 년은 지난 듯한 고풍스러운 정취를 풍기는 집들이 처마를 마주하고 있고 게다가 그것들이 모두 상점, 레스토랑, 카페, 사무실, 주택, 각종 공공건조물 등으로 시민의 일상생활 속에서 숨을 쉬고 있는 것이다. 발길 닿는 대로 거닐 때에 쇼핑에, 사진촬영에, 이렇게 즐거운 곳은 그렇게 흔하지 않다. '나는 지금 유럽에 있다' 라는 느낌은 이러한 역사적인 거리를 걷고 있을 때 가장 절실하게 느낄 수 있다는 사람이 많다.

구 시가지의 중심에는 중세도시의 상징이라고 할만한 시청과 교회가 있고, 광장이 있고, 높은 탑이 솟아있는 경우가 많아, 지리에 익숙하지 않은 이에게는 좋은 목표가 된다. 중심부 부근 일대는 대개 보행자 전용으로 되어 있고, 가로수와 화분이 놓여 있고, 노천 카페의 테이블이 줄지어 놓여 있고, 조각을 새긴 샘물들이 마음을 한층 즐겁게 해 준다.

게다가 구 시가지의 여기저기에 남아있는 역사적 건조물과 지명의 유래 등에도 관심을 돌린다면 그곳에서 중세도시 원래의 모습이 되살아나 산책의 즐거움은 끝없이 펼쳐진다.

성채화 된 교회와 수도원

유럽을 여행하고 있으면 마치 성과 같은 구조로 지어진 교회와 수도원을 가끔 볼 수 있다. 이것은 일본인에게는 아무래도 납득이 가지 않는 부분이다. 어째서 그런 식으로 되어 있는 것일까.

마치 성과 같은 구조로 되어 있다고 해도 사실은 두 가지 경우가 있다. 첫째는 단순히 외관만이 성처럼 보이는 것으로 내실은 보통 교회나 수도원과 전혀 다르지 않다. 이런 경우에는 상징적인 의미가 중요하다.

구약성서에는 신을 큰 바위, 성, 요새, 높은 망루 등에 비유하는 표현이 자주 나온다. 신은 우리의 처소, 우리를 지켜주시는 존재, 라는 의미이다. 예를 들면 시편 71장에는 '신이시여, 계신 곳에 몸을 기댑니다. (중략) 당신은 나의 큰 바위, 나의 요새'라고 적혀 있고, 나훔서 제1장에는 '주의 은혜는 깊고, 괴로운 날에는 요새가 되어, 주에게 몸을 기대는 자를 마음으로 품어주시네'라고 되어 있다. 또 '신은 나의 힘, 나의 높은 망루'라는 유명한 찬미가의 한 구절도 원래는 구약성서에서 유래했다.

교회의 종루에 마치 성과 같이 화살 발사 구멍이 만들어져 있거나, 흥벽이 붙어 있거나, 수도원의 위벽이 성벽을 쏙 빼 닮거나 하는 이유는 이와 같은 기독교의 이념으로까지 거슬러 올라가지 않으면 하기 힘들다.

또 다른 쪽은 좀 더 현실적인 이유에 입각해, 외관뿐만이 아니라 내실까지도 성에 준하는 구조를 갖춘 것. 이쪽은 성채교회 혹은 성채수도원이라고 불리는데 전체로 봤을 때 그 수는 그다지 많지 않지만, 흥미로운 관광명소가 되어 있는 것들이 꽤 있다. 지중해 연안, 그리고 오스트리아 남부와 도나우 강 연안에 자리하고 있는 성채교회는 특히 잘 알려져 있다.

18세기경까지 지중해 연안의 변경에 있는 마을들

상트 마리 드 라 멜 교 회 Saintes-Maries-de-la-Mer 종루는 성채의 탑과 같이 되어 있고, 흉벽, 낙석용 난간, 화살 발사 구멍 등이 설치되어 있다.

유럽에 빠지는 즐거운 유혹 ③

은 북아프리카에서 건너오는 이슬람교도 해적들에게 위협당하고 있었다. 그들은 재산을 빼앗아가는 것뿐만이 아니라 주민들도 가차없이 붙잡아 갔다. 재력이 있는 자로부터는 몸값을 받고, 젊은 남녀와 어린아이는 노예로 팔아버리는 것이 목적이었다.

견딜 수 없게 된 주민들은 마을에서 유일한 석조건축물인 교회를 개조해, 문을 견고하게 하고, 돌을 쌓아 창문을 막고, 요소에는 화살 발사 구멍, 화승총 구멍을 만들고, 지붕을 개조해 방어활동을 위해 옥상에 오를 수 있게 하고, 종루도 개조해 감시 탑을 겸하도록 했다. 또한 해적의 습격을 받으면 전 주민이 교회 안으로 피난하고, 남자들은 모두 무기를 들고 방어에 임했다. 해적은 본능적으로 오래 머무는 것을 꺼려했기 때문에, 이 정도로도 주민들은 충분히 방위목적을 완수할 수 있었던 것이다.

오스트리아의 경우, 상대는 역시 이슬람교도인 오스만 투르크의 약탈 부대였는데, 사정은 비슷했다.

이와 같이 만들어진 성채교회의 좋은 예가 관광여행으로 자주 가는 카말그 지방의 상트 마리 드 라 멜(Saintes-Maries-de-la-Mer, 바다의 성녀 마리아들)의 교회다. 막달라 마리아 등 예수의 여자제자들이 이 땅에 표착했다는 전설에서 이런 지명이 생겨났다. 옛날에는 작은 마을이었기 때문에 모든 주민이 이 교회 안으로 피난할 수 있었던 것이다. 해적에게 습격당할 염려가 없어진 후로 다시 개장되었지만 성채교회의 흔적은 잘 남아 있다.

수도원의 경우에는 이교도의 침입에 대비해 성채화 된 경우 외에 세속의 영주와 마찬가지 목적으로 성채화 된 경우도 있었다. 유명한 몽 상 미셸(Mont-Saint-Michel)의 수도원은 후자의 한 예이다. 이 수도원은 본토 쪽에 광대한 영지를 가지고 있어 그 부강함은 세속의 영주와 다름이

없었다. 그리고 해상의 바위섬에 위치하고 있다는 지리상의 이점을 살려 수도원을 중심으로 해 섬 전체를 견고하기 이를 데 없는 성채로 바꾸어 놓았다. 백년전쟁 때, 영국군은 10년에 걸쳐 수륙 양면으로 수도원을 포위 공격했지만 해상으로부터의 보급을 끊지 못해 결국 함락시키지는 못했다.

몽 상 미셀 수도원
Mont-Saint-Michel
바다 위의 바위섬에 있는 몽상미셀 수도원은 섬 전체가 견고하기 이를 데 없는 성채로 만들어져 있다.

10세기경의 원격지 상인이 원동력이 되어

오늘날까지도 우리들을 매료시키고 있는 유럽의 중세도시는 언제, 어떻게 해서 생겨나게 된 것일까.

로마시대에는 단일화폐가 넓은 영역에 걸쳐 유통되어 생활에 필요한 물자에 대해서도 넓은 영역에 걸

유럽에 빠지는 즐거운 유혹 ③

쳐 서로 부족한 것을 주고받은 교역이 행해졌다. 예를 들며 로마 시에서 소비하는 곡물은 대부분 이집트와 시칠리아에서 운반해 왔다. 마찬가지로 올리브 기름과 와인은 암포라는 도자기 항아리에 담아 이베리아 반도에서 대량으로 실어 날랐기 때문에 암포라의 잔해가 말 그대로 산처럼 쌓여 지금도 로마시내에 남아있다. 일상생활에서 대량으로 사용된 물건조차도 그러했기 때문에 보석, 향료, 견직물 등 경량에다 고가품에 있어서는 로마제국에서 멀리 떨어진 지역과도 활발하게 교역이 이뤄졌다. 또 로마제국에서는 아무리 변경의 땅이라도 군단의 주둔지 부근에는 자연스럽게 도시가 생겨나 로마인 상인들이 다수 진출했었다는 기록이 남아있다.

그러나 서로마제국의 쇠망과 게르만인의 대이동에 의한 혼란이 지난 후, 유럽에서는 위와 같은 광역경제의 틀이 완전히 붕괴되어 극히 협소한 지역만으로 자급자족을 이루는 초보적인 상태로 되돌아가고 말았다. 또 농업생산력과 수공업의 기술 수준 등도 로마시대와는 비교도 안될 정도로 저하되고 말았다.

그러다가 10세기경부터 차츰 양상이 바뀌어 모험심이 풍부한 상인들이 이익을 좇아 원격지와의 교역을 시작하게 된 것이다. 그 배경으로 농업생산력이 점점 커짐에 따라 사회전반에 걸쳐 조금은 여유가 생기기도 했다. 또 수공업의 기술수준도 점점 향상되어 상품성이 높은 물건, 즉 원격지까지 싣고 가도 충분히 팔릴만한 상품, 원격지에서 일부러 사서 가져올만한 가치가 있는 물품이 많이 생겼다는 사정도 있었다. 유럽의 중세역사에 있어 그냥 단순히 상인이라는 경우에는 이른바 소매상인을 포함하지 않고 이처럼 원격지와의 거래를 주로 하는 도매상인을 말한다. 그들의 활동이 중세도시를 탄생시킨 원동력이 되었다.

처면 또는 헌면으로 정돈된 집들

중세도시의 집 지붕은 전부 용마루 구조였다. 그리고 대다수의 도시에서는 처면(妻面-건물의 동서 또는 좌우 면)을 도로 쪽으로 향하도록 정해 그 반대는 허용되지 않았다. 하지만 반대로 헌면(軒面-건물의 남북 또는 전후 면)을 도로 쪽으로 향하도록 정해 그 반대는 허용되지 않는 도시도 있었는데 수는 적었다. 어느 쪽이든 각지(角地)에서는 규칙에 맞추지 않으면 안 되었는데 주요 도로와 광장에 면하고 있는 쪽을 기준으로 삼는 것이 원칙이었다.

처면을 도로 쪽으로 향하도록 한 이유는, 첫째로 토지의 유효한 이용을 꾀하기 위함이고, 둘째는 지붕의 배수를 합리적으로 하기 위함이었다. 성벽 내의 토지에는 한계가 있기 때문에, 가능한 많은 집이 큰 길과 접할 수 있도록 정면의 폭이 좁고 앞뒤로 길게 구획을 나누고 그에 맞춰 집을 세우도록 통일시켰다. 그러니까 뱀장어 잡이 통발처럼 폭은 좁고 앞뒤로 긴 형태였다. 어느 집이든 옆집과 딱 붙어서 지어졌기 때문에 양쪽 집 지붕의 추녀가 접해있는 부분에 공용의 통을 만들어 빗물을 효율적으로 흘려보낼 수 있었다.

큰길에서는 잘 보이지 않지만 안쪽에는 대체로 안마당이 마련되어 있어, 사람들은 그곳에서 야채를 재배하거나 과수나무를 심고, 때로는 소, 돼지, 양, 산양, 닭 등을 사육했다. 이처럼 안마당은 통풍과 채광을 위해 꼭 필요한 부분이었다. 지금도 구 시가지에 있는 옛 주택을 개조한 레스토랑에 가보면 안쪽 의외의 장소에 수목과 꽃으로 장식된 안마당이 있어 유쾌하게 놀라는 일이 자주 있다.

간면을 도로 쪽으로 내도록 정해진 도시는 대개 성벽내의 토지에 여유가 있던 건설도시인 경우이다. 독일의 프라이부르크가 좋은 예다. 체링

마르크트 광장

벨기에 브뤼헤에서는 처면을 도로 쪽으로 내도록 통일되어, 처면의 박공(破風, 지붕 아래 처면에 있는 삼각형의 외벽 부분)에는 다양한 장식이 들어가 있다.

가문의 콘라트 후작이 1120년에 도시를 건설했을 때, 공사를 유치한 상인에게 정면의 폭 50후스(약 16m), 앞뒤 길이 100후스(약 16m)에 이르는 넓은 부지를 하사한 것이 시작이었다. 1후스는 사람의 한 걸음을 기준으로 한 단위이다. 그 후로 설령 부지가 분할되어 정면의 폭이 좁아져도, 집은 간면을 큰길 쪽으로 향하도록 하는 규칙이 그대로 지켜졌다.

이렇게 당초의 이유는 어찌되었든 처면 혹은 간면을 내도록 통일되어 있던 사실은, 중세도시의 건물 배열에 질서정연한 아름다움을 갖게 하는 결과가 되었다. 도시가 발전하고 상인이 부유해짐에 따라 처면의 박공과 간면의 출창(出窓) 등에 다양한 장식이 들어가게 되어, 현재의 우리들이 여러 곳의 구 시가지에서 볼 수 있는 정취가 넘치는 거리 풍경이 만들어진 것이었다. 그리고 어느 집이라도 새로 지어질 때에 위와 같은 원칙이 지켜져, 고풍스러운 거리 풍경이 보존되어 왔다.

원류를 거슬러 올라가 중세도시를 분류하면

중세도시는 발생한 기원의 차이에 따라 다음과 같이 분류된다.

그 첫 번째는 로마의 도시로, 프랑스, 이탈리아, 스페인 등에 많다. 로마시대부터의 도시는 민족대이동의 혼란 속에서 흔적도 없이 쇠퇴했지만, 그럼에도 도시의 명목만은 근근이 유지했다. 그것이 중핵이 되어 10세기경부터 새로이 중세도시로서 발전하기 시작했던 것이다. 그 두 번째는 로마 유적도시로 독일 등지에 많다. 로마시대부터의 도시가 일단 황폐화되었지만 그 유적에 새롭게 중세도시가 들어선 경우, 넓은 의미로 로마도시의 범위에 포함된다.

그 세 번째는 영주도시로, 이른바 성하촌의 바깥 쪽에 생긴 원격지 상인의 거주지가 바탕이 된 중세도시이다. 이와 같은 거주지는 옛 독일어로 '위크'라고 불려, 지명의 일부가 되어 많이 남아있다. '프라운슈바이크'라는 마을 이름도 그 일례이다.

그 네 번째는 주교도시로, 주교의 성하촌 바깥 쪽에 생긴 위크가 바탕이 된 중세도시이다. 주교라고 하면 기독교의 고승을 의미하는데 어째서 주교의 성하촌이라는 것이 존재했던 것일까. 상세한 내용은 다른 저서 《유럽 여행과 기독교》를 보면 알 수 있지만, 결론부터 말하자면 다음과 같다. 중세의 주교는 세속의 영주와 마찬가지로 영지와 영민을 지배하고, 병사를 보유하며, 성을 가지고 있는 이들이 많았다. 이 점에 있어서는 주교도 세속의 영주와 차이가 없던 셈으로, 넓은 의미에서는 영주의 범위에 포함되었다. 또 주교의 성하촌과 비슷한 상황 하에서, 수도원의 문전촌

(門前町)이 중세도시 발생의 기원이 된 예도 있다.

로마도시(로마 유저도시 포함)와 주교도시는 겹치는 경우가 많다. 로마시대 말기 주교제도가 정립되었을 때, 각 지역의 중심 도시에 주교좌가 설치되었기 때문이다. 예를 들어, 독일의 마인츠는 위와 같은 분류법에 따르면 로마도시임과 동시에 주교도시이기도 하다.

그 다섯 번째는 교통의 요지에 자연발생적으로 생긴 중세도시. 실례를 먼저 들자면, 독일의 로맨틱 가도 연안에 있는 주옥과 같이 아름다운 중세도시 딩켈스뷜이 그러하다. 독일을 동서로 연결해 주는 가도와 남북으로 연결해 주는 가도가 이곳에서 교차하며, 처

딩켈스뷜 Dinkelsbuehl
교통의 요지에 자연발생적으로 생긴 중세도시 딩켈스뷜. 독일 남부 바이에른 주의 서쪽 끝 다뉴브 강 지류 베르니츠 강변에 있는 도시.

딩켈스뷜 거리

딩켈스뷜은 지금까지도 중
세 모습 그대로의 성벽으
로 둘러싸여, 아름다운 목
재 골조의 집들이 늘어서
있다.

음에는 그냥 벌판이었던 곳에 어느 사이엔가 상인들
이 모여들어 교역이 이루어지게 되었고 이윽고 도시
로 발전했던 것이다. 이러한 가도의 교차점이나 수운
이 편리한 강과 호수와 가도와의 접점, 큰 강의 도섭
지점 등이 발단이 된 예가 많다. 지리적으로는 로마
제국의 바깥에 있는 곳이 대부분이다. 로마제국 내에
있었다면 교통의 요지는 이미 오래 전에 도시가 되어
있어, 위와 같은 분류법으로는 로마도시의 분류에 들
어가기 때문이다.

그 여섯 번째는 건설도시이다. 유력한 영주가 어떠
한 의도 하에 새롭게 마을을 건설하고 외부로부터 상
인과 직인들을 유치한 것으로 체링그 가문의 콘라트
후작이 건설한 독일의 프라이부르크, 마찬가지로 베
르트힐트 후작이 건설한 스위스의 베른, 뷜프 가문의
하인리히 사자공이 건설한 독일의 뤼베크와 뮌헨이
좋은 예이다.

한 마디로 중세도시라고 불리는 것들을 이런 식으로 원류까지 거슬러 올라가 분류해보면 그 도시의 역사에 대한 이해가 깊어진다. 그리고 실제로 자신이 그 도시를 방문했을 때에 생각지도 않았던 곳에서 새롭고도 흥미로운 지식과 견문을 얻게 되는 경우가 자주 있다. 자기 나름의 새로운 발견, 이라고 해도 좋을 것이다. '과연 그랬었구나' 라고, 혼자서 기쁨에 들뜨게 되며, 여행의 즐거움이 그치지 않는다.

베긴 수녀원의 역사를 더듬으며

벨기에와 네덜란드의 중세도시에는 구 시가지에 베긴 수녀원이라고 불리는 한적한 일면이 종종 남아있는데 방문자의 마음을 아득한 옛날로 유혹한다. 브뤼헤와 루반의 베긴 수녀원은 특히 유명하다. 그 지방의 플랑드르 어로는 '페하임호프' 라고 하는데 일본에서는 프랑스어로 베기나쥬(Beguinages)라는 명칭으로 알려져 있다.

중세는 신분제도가 엄격했던 시대로, 결혼상대는 자기와 동등한 계급의 사람을 고르도록 강요되었다. 그 때문에 상층계급일수록 적당한 결혼상대를 찾는 것이 어려웠는데, 여성의 경우는 특히 심했다. 전쟁에 나가거나, 멀리 여행을 떠나거나, 폭음폭식으로 인해 명이 단축되는 경우는 상층계급의 남자일수록 많아, 남녀의 비율이 극히 불균형을 이루고 있었기 때문이다. 12~13세기에는 많은 남자들이 십자군으로 출정해 불귀의 객이 되었기 때문에, 여자들의 고민은 더욱 통절했다.

마땅한 상대를 찾지 못했을 경우에, 여성은 신분이 낮은 자와 결혼하기보다는 거꾸로 수도원에 들어가는 길을 선택하는 경우가 많았다. 그러나 수도원에 들어가는 일도 쉽지는 않아, 많은 액수의 지참금을 요구 받고는 했다. 또 일단 맹세를 하고 수도원에 들어가면 속세와 격리되어 그 후에

마음이 변해도 세속으로 돌아오지 못하게 되거나, 누군가와 결혼하고 싶어져도 불가능했다. 환속하는 것은 극히 힘든 일이었기 때문이다.

이상과 같은 여성의 고민을 해결하기 위한 방책

블루쥬의 베기나쥬

으로 만들어진 것이 베긴 수녀원으로, 베기나쥬란 그 시설을 말한다. 12세기 말에 리에쥬의 신부 람벨르 벡이 창설한 것이 최초로, 그 후 플랑드르 여 백작 쟌느와 그 여동생으로 후사를 계승한 마르그리트 등이 취지에 찬동해, 속속 베기나쥬를 설립하기에 이르렀다. 최초의 베기나쥬는 플랑드르를 중심으로 한 네덜란드만이었으나 이윽고 독일과 프랑스 등에도 퍼졌다.

회원은 수도원과 비슷한 베기나쥬에 모여 살며, 그랜드 담(대부인)이라고 불리는 지도자의 지도하에 기원과 노동 위주로 생활했다. 최초 부지와 건물을 제공한 것은 앞서 기술한 바와 같이 영주와 그 외 부유한 회원의 부모와 독지가들이었다. 수도원과 달리, 회원은 사유재산을 소유하고 그것으로 생활을 할 수 있었으나 보통 구내에서는 공동작업을 하거나 외부로 파견되어 가사일을 돕고, 아이를 돌보며, 노인과

유럽에 빠지는 즐거운 유혹 ③

병자를 간호하여 보수를 받았다. 수녀가 되기 위한 맹세를 한 것은 아니었기 때문에 탈회하거나 결혼하거나 해서 베기나쥬를 떠나는 것은 자유였다.

회원들은 실질적으로 수녀와 다름없는 경건한 생활을 보내고 있었으나 교회 측은 이 수도원과 닮은 듯 하면서도 틀린 조직을 공식적으로 인정하려고 하지 않은 채 사이비로 치부했다. 그리고 중세 말엽에 접어들어 일부 회원에게서 풍기문란이 발생한 것을 계기로 많은 수의 베긴 수녀원을 해산으로 몰아 넣었다. 17세기에 네덜란드만은 별개로 다시 베긴 수녀원의 의의가 재평가되어 부흥운동이 일어났다. 그러나 지금은 회원이 없어져버려 블루쥬의 베기나쥬는 베네딕트 교단의 여자수도원으로 자리잡았고, 루반의 베기나쥬는 정원과 건물 등을 충실하게 옛모습 그대로 수복한 뒤 학생 기숙사가 되는 등 다른 용도로 유용하게 사용되고 있다.

영주도시와 주교도시가 걸은 운명의 갈림길

중세도시 중에서도 특히 영주도시와 주교도시로 불리는 것은, 한편으로는 세속영주 또는 주교, 한편으로는 상인의 집단이라는 두 개의 이질적인 요소에서 출발했다. 그 부분을 좀 더 자세히 살펴보자.

10세기경에는 아직 치안이 불안정한 지방이 많아서 상품을 싣고 멀리까지 교역에 나서는 상인들은 집단강도를 만날 위험이 상존했다. 그래서 그들은 집단행동을 통해 방위를 꾀함과 동시에 무력을 가진 영주(세속영주 혹은 주교)의 비호를 받지 않을 수 없었다. 그를 위해 영주의 허가를 얻어 성하촌의 바로 바깥에 숙박을 했던 것이 앞서 기술한 윅의 시작이었다. 처음에는 일시적인 숙박장소였으나 해를 거듭할수록 영속적인 거주지로 변해갔다.

왜 성하촌이 아니라 바깥이었을까. 성하촌은 영주를 모시는 자들이 살고 있는 곳으로 토루와 목책으로 둘러싸여 있었는데 낮 동안은 몰라도 해가 진 후에는 낯선 자들은 모두 내쫓도록 하는 규정이 있었기 때문이었다. 그러나 그래가지고는 영주 가까이에 있는다고 해도 반드시 안전하다고는 할 수 없었다. 뭐에 살고 있는 상인들

바트 빔프펜
Bad Wimpfen
그 옛날, 성벽으로 둘러싸여 있던 구 시가지에는 고풍스러운 정취를 풍기는 집들이 늘어서 있어, 유럽을 여행하는 즐거움을 절실히 느끼게 해 준다. 사진은 독일 바트 빔프펜의 구 시가지. 포도, 와인 잔, 그리고 프레첼이라고 불리는 빵을 틀로 찍어 낸 중세 풍의 간판이 보인다.

도 이윽고 영주의 허락 하에 뭐을 토루와 목책으로 둘러쌌다. 시대의 흐름과 함께 뭐을 맹아로 해 상인의 도시인 중세도시가 발달하고 토루, 목책은 차츰 석조 성벽으로 개수되었다.

2장의 성의 역사 부분에서도 기술한 바와 같이 11세기 중엽부터 13세기 중엽에 걸쳐서는 대개간의 시대로, 농지가 대폭 증가했다. 또 삼포농법이 확립되어 안정된 농업생산력을 가지게 되었다. 이와 보조를 맞추듯이 상업과 수공업의 진전도 현저해, 중세도시는 개화기를 맞이했다. 10세기경과 비교하면 모든 것이 몰라보게 달라

유럽에 빠지는 즐거운 유혹 ③

졌다고 할 수 있었다.

이 기간에 조정을 강요받게 된 것이 도시와 영주와의 관계였다. 처음 얼마간 상인들은 영주의 비호 하에 안주하고 있었으나 자신들의 실력이 커짐에 따라 영주의 지배권을 부담스럽게 느끼게 된다. 여기에서 자신을 보호하는 영주가 세속영주인지 주교영주인지에 의해 차이가 생기기 시작했다.

세속영주는 어느 쪽이냐 하면 상인의 활동과 도시의 발전에 호의적으로, 큰 액수를 한꺼번에 받거나 매년 세금상납을 약속 받는 대신 점차 도시에 자치권을 부여했다. 영내에 경제활동이 활발한 도시가 늘어나는 것은 영주에게 있어서도 환영할만한 일로, 위와 같은 세금 외에도 시장세, 관세, 다리 통행세 등의 징수를 기대하는 경우가 많았기 때문이었다.

이 점에 있어서는 주교라고 해도 세속영주와 마찬가지 입장이었을 것이나, 일반적으로 말해 주교는 상인의 활동과 도시의 발전에 대해 이해가 부족해 적의를 드러내는 일이 적지 않았다. 주교는 성계(聖界)와 속계(俗界) 양면에 걸쳐 자신이 항상 최고의 지도자이어야 한다는 의식이 강해, 상인 나부랭이가 제멋대로 행동하는 것은 용납할 수 없다고 생각하고 있었다. 또 성서에도 '부자가 하느님의 나라에 들어가기는 낙타가 바늘 구멍을 통과하기보다 어렵다', '누구도 신과 부를 동시에 모실 수 없다' 라는 말들이 있듯이 원래 기독교에서는 부를 죄악시하는 사고방식이 강하다. 부를 좇는 것이 상인의 특기이기 때문에 주교가 그것을 불경스러운 것으로 치부해 버린 것은 당연한 흐름이었다. 물론 당시의 주교가 모두 청빈했던 것은 아니다. 오히려 욕심 많고 사치를 즐기기로 악명이 높은 주교도 많았는데, 자신의 허물은 외면한 채 상인의 활동에 대해서는 적의를 나타내는 일이 많았다.

잘츠부르크 성

잘츠부르크에서는 바위 산 위에 대주교의 성이 우뚝 솟 아올라 구 시가지를 내려다 보고 있다.

주교와 주교좌

성서에 의하면, 생전의 예수는 12명의 사도만을 임 명했을 뿐 교회의 조직과 역할에 대해서는 아무것도 정하지 않았다. 그러나 예수가 세상을 떠난 후 제자 들의 노력에 의해 예수의 가르침이 각지로 퍼져 신자 가 늘어나자, 지역별로 신자 집단을 통솔할 지도자가 필요하게 된 것은 당연했다. 이처럼 처음에는 자연발 생적으로 생겨난 것으로 여겨지는 지역별 지도자를 일컬어 그리스어로 에피스코포스(episcopos, 감독하 는 자)라고 불렀다. 이것이, 예를 들면 영어로는 비숍 (bishop)의 어원이 되고, 일본에서는 사교 또는 주교 라고 번역되기에 이른 원래의 호칭이다.

그 후, 300년 가까이 이어진 박해의 시대를 거쳐, 4세기말에 기독교가 로마제국의 국교로 지정되기에 이르러, 주교와 그 관할구역인 주교구는 로마제국의 공적인 제도로서 정비되었다. 당시의 황제들은 규율이 해이해진 제국을 다시 일으켜 세우기 위한 수단으로서 기독교를 이용하고자 했다. 그래서 제국의 지방행정구역과 거의 겹치는 형태로 주교구가 설치되어 각 주교구에 각각의 주교좌가 설치되었다.

주교좌의 어원은 그리스어의 카테드라(kathedra)로, 원래는 그냥 의자를 의미한다. 그것이 기독교에서는 특히 '주교가 앉는 의자'라는 의미가 되고 나아가서는 주교의 지위 그 자체를 의미하는 단어가 된 것이다. 이 점에서는 주부(主婦)의 자리, 교수의 의자 등의 뜻과 닮아 있다. 주교는 광대한 주교구 내에 있는 모든 교회를 통괄하고 있었는데 그 주교가 재임하고 있는 대성당, 즉 주교좌가 놓여 있는 대성당을 가리켜 카테드랄이라고 했던 것이다.

중세의 주교는 우리들의 상식으로 좀 상상이 되지 않을 정도의 강대한 권력을 쥐고 있었다.

그런 까닭으로 대다수의 주교들은 단연코 도시에 자치권을 부여하려 하지 않았고 사업 확대로 이어질 것 같은 시책에 대해서도 냉담하기 이를 데 없었다. 그 결과, 주교와 상인 사이에 분쟁이 종종 발생하였고, 상인 쪽이 승리를 거둬 주교로부터 도시영주로서의 권력을 쟁취하는 예도 있었다. 리옹과 아우크스부르크의 예가 역사상으로도 유명하다. 정치적인 권력을 상실한 주교는 본래의 모습인 단순한 기독교의 고위성직자로 돌아갔다고 생각하면 된다. 그러나 상인 쪽이 승리를 거둔 것은 예외적인 경우에 지나지 않는다. 대부분은 상인 쪽이 패배해 주교에게 굴복당하고 엄격하게 제한된 자치만을 인정받았던 것이 보통이었다. 잘츠부르크, 함부르크, 뷜츠

산마르코 대성당
이탈리아에는 다수 존재하
던 도시국가 중에서도 베
네치아 공화국은 특히 유
명하다.

부르크, 마인츠 등, 여행으로 자주 들르는 주교도시에
그러한 예가 많다.

베르톨트 후작과 베른의 건설

영주가 새로이 도시를 건설하기에 이르는 의도는
다양한데, 체링겐 가문의 베르톨트 후작이 베른을 건
설한 것은 영지의 방어를 꾀하기 위함이 제일의 목적
이었다. 도시를 세우고 주민을 유치하고 견고한 성벽
을 만들어 방어를 튼튼히 하고 가신을 상주시켜 두면
단순한 성보다 훨씬 안전성이 있는 군사거점이 되었
기 때문이다.

체링겐령(領)의 서남부 부근 어딘가에 그러한 도시
를 건설할만한 적지가 없을까 하고 베르톨트 후작이

가신들에게 물어본 결과 수렵 대장이 이렇게 대답했다. '니딩의 요새에 이어지는 대지가 가장 적합하지 않을까 하옵니다. 알레 강의 계곡으로 삼 면이 둘러싸인 천혜의 요지이옵니다. 지금까지도 울창한 숲으로 덮여있 어 사냥감이 풍부하옵니다.' 후작은 곧바로 현지를 둘러보고 숲을 베어내 고 마을을 만들기로 했다. 그래서 우선 사냥을 개최했는데 사냥대회에서 거대한 곰들이 몇 마리나 잡힌 까닭에 새로운 마을의 이름을 베른으로 정 했다고 전해지고 있다.

이 전승 설화가 어디까지 사실에 근거하고 있는지는 차치하고, 현재 스위스의 수도가 되어있는 베른(Bern)은 체링겐 가문의 군사거점으로서 1191년에 건설되었다. 훗날 이 가문은 대가 끊기고 베른은 독립해 주변 영역을 차례로 병합해 나가며 강대한 칸톤 주(州)로 성장한다. 전승 설화 에 나온 것처럼 독일어로 곰의 복수형인 베렌(Baren)이 도시명의 기원으 로 여겨져 이래로 곰은 베른의 상징이다. 베른 주의 주기에도 커다란 곰 이 그려져 있다.

니딕 요새는 굽이쳐 흐르는 알레 강을 내려다 보듯 대지의 동단에 위치 하고 있다가 1270년경에 철거되었다. 지금 니딕 교회와 니딕 다리가 위치 한 부근이 요새가 있던 터였다. 대지 위의 마을을 감싸고 있던 성벽은 마 을의 발전에 따라 2회에 걸쳐 서쪽으로 확장되었다. 현재 구 시가지의 한 가운데쯤에 위치해 관광명소가 되어있는 시계탑은, 제1차 성벽의 성문이 었다. 이곳에서 300미터 정도 서쪽으로 떨어져 있는 감옥탑은 1250년 확 장하여 제2차 성벽의 성문을 복원시킨 것. 1350년 거기에서 다시 300m 정도 서쪽에 확장에 의한 제3차 성벽과 크리스토펠 탑이라는 이름의 성 문을 만들었는데 지금은 흔적도 없다. 제3차 성벽 터에 생긴 도로(중앙역 바로 동쪽에 있는 도로)가, 남쪽은 크리스토펠 길, 북쪽은 보루 거리라고 불

베른 제1차 성벽의 문이었던 시계탑

리고 있어 바로 그 자취만이 남아 있다.

구 시가지의 중심을 동서로 관통하고 있는 대로를 걸어가면 이상과 같은 변모의 흔적을 확실히 눈으로 확인할 수 있다. 또 이 대로에는 앞서 기술한 두 개의 탑문 외에 다양한 조각상이 붙어 있는 샘과 라우벤이라고 불리는 고풍스러운 주랑(柱廊)이 늘어서 있어 정말로 중세도시다운 정취가 느껴진다.

독일에서만 생겨난 제국자유도시

중세도시는 독일에서 가장 전형적인 발달을 이뤘다. 그 배경에는 프랑스, 영국, 스페인 등과 달리 독일에서는 국왕이 중앙집권을 이루지 못했었던 사정이 있다.

서로마제국이 붕괴한 후, 서유럽의 대부분을 다시 통일한 것은 프랑크족의 카알 대제였다. 그러나 그의 제국은 본시 느

유럽에 빠지는 즐거운 유혹 ③

순한 결속력밖에 가지고 있지 못했기 때문에 손자의 대에 이르러 벌써 셋으로 분열되고 말았다. 프랑스의 바탕이 된 서 프랑크 왕국, 독일의 바탕이 된 동 프랑크 왕국, 그리고 이탈리아이다. 그 중 동 프랑크 왕국에서는 911년에 카알 대제의 혈통이 끊기고 제후들 사이에서 왕을 선출하는 방식의 선거제도가 시행되었다. 역사가들은 이 시점까지를 동 프랑크 왕국이라고 부르고 그 다음을 독일 왕국이라고 부르고 있다.

선거제가 된 이후로도 역대 독일 왕들은 왕권을 지속적으로 강화시켜왔으나 그 결과는 별로 신통치 못했다. 선거가 있을 때마다 유력한 제후에 대해 양보와 타협을 반복하는 것이 습관이 되었기 때문이다. 특히 13세기경까지 역대 독일 왕들은 이탈리아 문제에 지나치게 신경을 쓰느라 독일에서의 왕권은 한층 약화되는 결과를 초래했다.

이탈리아 문제의 발단을 만든 것은 오토 1세이다. 그는 이탈리아를 원정해 거의 지배하에 두고 961년에 로마교황으로부터 신성로마제국 황제의 제관을 부여받았으며 이후, 독일 왕이 곧 신성로마 황제를 겸하게 되었다. 신성로마황제란 상당히 난해한 명칭인데, 형식적으로는 로마교황과 어깨를 나란히 하며 전 유럽에 걸친 속계의 최고지도자를 자임했다. 그러나 프랑스 왕과 영국 왕 등은 그것을 인정하지 않았기 때문에 실질적으로는 독일 왕 겸 이탈리아 왕에 지나지 않았다. 그러나 신성로마황제(독일 왕)가 이탈리아를 계속해서 지배하는 것은 무척 힘든 일로, 그 후의 황제들은 몇 번이고 이탈리아 원정을 반복해야 했고 결국은 완전한 실패로 끝나고 말았던 것이다.

또 11세기경부터 12세기에 걸쳐 성직자 서임권을 둘러싸고 교황과의 투쟁이 격렬해졌을 때, 황제는 독일 제후들의 지지를 얻기 위해서 각종 양보를 거듭하지 않으면 안 되었다. 이러 저러한 일로 황제의 입지가 약화되어 갔기 때문이었다.

　1254년부터 1272년까지 제후들 사이에서 합의가 이뤄지지 않아, 황제가 존재하지 않는 상태가 이어졌다. 이른바 대공위 시대이다. 그렇게 해서 제후들은 자신들을 찍어 누를 염려가 없는 인물을 골라 황제로 선출하게 되었다. 그 후 제후들은 더더욱 자립의 움직임을 강화해나가 황제라고는 해도 실질적인 지배권이 미치는 것은 자신이 가진 영지로 국한되어 갔다.

　이 무렵부터가 바로 중세도시의 대발전기에 해당된다. 앞서 기술한 바와 같이 영주의 지배하에서 벗어나는 데 성공한 도시는, 신성로마제국에 직속된다는 형식을 취해, 황제로부터 제국도시로서의 지위를 인정받기에 이른다. 이러한 도시들은 훗날에도 제국자유도시라고 불리게 되었다. 어느 쪽이 되었던 황제의 실질적인 지배권은 미치지 않았기 때문에 제국자유도시는 거의 독립국과 대등한 지위를 손에 넣을 수 있었던 것이다. 그 대가는 황제에게 매년 어떤 형태로든 상납금을 바치는 것만으로 충분했다.

　덧붙여 말하면 신성로마제국의 영역은 오늘날의 독일보다 훨씬 넓어 동쪽으로는 폴란드의 절반 정도부터 체코, 오스트리아의 부근까지를, 서쪽으로는 네덜란드, 벨기에에서 프랑스의 동남부까지를 포함하고 있었다.

같은 무렵 프랑스, 영국, 스페인 등에서도 상업과 수공업이 융성했고 그에 따라 도시가 대 발전기를 맞이했는데, 이들 나라에서는 국왕의 권력이 점점 강해졌기 때문에 독일처럼 자유도시가 생겨날 여지가 없었다. 이탈리아에서는 사정이 또 달라, 남부에서는 나폴리 왕국이, 중부에서는 로마 교황령이 성립하고, 북부에서는 도시가 주변 농촌지대까지를 병합해 중소 도시국가를 다수 형성하기에 이르렀다. 밀라노, 베네치아, 피렌체, 피사, 시에나, 아시지 등이 그 좋은 예이다.

하인리히 사자공과 뤼벡 및 뮌헨의 건설

벨프 가문의 하인리히 사자공은 1142년에 작센의 대공이 되고, 1156년부터는 바이에른의 대공을 겸하게 된 인물이다. 유럽에서는 같은 이름의 군주가 여기저기 있어 헷갈리기 쉬웠던 때문인지 군주에게 별명을 붙이는 관습이 생겨났다. 그래서 용맹한 성격을 가진 하인리히에게는 사자공이라는 별명이 붙여졌다.

그 무렵 엘베강 동쪽에는 아직 대규모 슬라브인의 거주지가 있었다. 사자공은 그곳에 도시를 건설하고 독일인의 진출을 장려해 작센의 세력을 엘베강 동쪽에까지 뻗칠 근거지로 삼고자 했다. 그가 주목한 것은 발트해로 흐르는 트라페 강의 하중도였다. 그곳에는 이미 슬라브인의 취락이 있었던 것을 홀슈타인 백작 아돌프 2세가 점령해 도시 건설에 착수하고 있었는데, 나중에 온 사자공이 1151년에 무력으로 그것을 빼앗아 버린 것이었다.

그렇게 라인 연안 지방과 네덜란드에서 다수의 상인과 직인을 유치하고 유력한 도시로 성장해 나갈 기반을 만들었다. 이것이 뤼벡의 기원이다.

뤼벡은 무역을 통해 매우 번영을 이루었으며, 특히 스웨덴과 러시아 방

면과의 거래에 있어서는 타의 추종을 불허할 정도
였다. 그리고 한자 도시동맹의 맹주가 되어 14세기
에 전성기를 맞이했다. 그 무렵의 성벽과 성문 중,
육지 쪽 정면 입구였던 홀스텐 문과 바다 쪽(트라페
강의 어귀)의 정면 입구였던 브룩 문 등이 지금도 여
전히 그 위용을 뽐내고 있다.

하인리히 사자공은 몇 개인가의 도시를 건설했는
데 그 중에서도 훗날 가장 눈부신 발전을 거둔 것이
이 뤼벡과 다음으로 기술할 뮌헨이었다. 그가 뮌헨
지역에 새로운 도시를 건설하게 된 동기는 소금 거
래를 통해 얻어지는 세수의 확보 때문이었다.

남 독일에서 오스트리아에 걸친 알프스 산록지방
에는 예부터 다수의 소금 광산이 존재해 도나우 강
의 지류인 이젤 강을 거쳐 다량의 소금이 북방으로
출하되고 있었다. 소금은 인간이나 가축의 살아가

는 데 있어 빼놓을 수 없는 것인데, 옛날에는 고기와 생선과 겨울용 야채 등을 보존하기 위해서는 소금에 절이는 방법밖에 없었기 때문에 우리들이 상상하는 이상으로 다량의 소금을 필요로 했던 것이다.

하인리히 사자공은 1156년에 바이에른의 대공을 겸하게 되자 그때까지 프라이딩 주교가 독점하고 있던 소금 거래에 대한 과세권을 빼앗기 위해 주교의 지배 하에 있던 이젤 강의 다리와 소금 창고를 전부 파괴하고 새로이 뮌헨 지역에만 다리와 소금 창고를 건설했다. 이래로 뮌헨은 커다란 도시로 성장해갔다.

뮌헨의 구 시가지는 호박과 같은 형태를 하고 있어 성벽과 해자의 흔적이 넓은 환상도로가 되어 남아있으며, 보존되어 있는 3개의 성문 중에서는 동남쪽의 이젤 문이 가장 훌륭하다.

살아있는 중세도시 로텐부르크를 걷다

로텐부르크 백작의 성 아래에 마을이 생겨나

다수 존재하는 중세도시 중에서도 옛 모습이 완벽에 가까운 형태로 남아있는 것 중에서는 독일의 로맨틱 가도를 따라 있는 로텐부르크가 제일이다.

로텐부르크는 텐구[天狗]의 얼굴을 옆에서 본 것 같은 형태를 하고 있다. 텐구의 코에 해당하는 부분은 수목과 화단이 아름다운 작은 공원이 되어 있고 부르크가르텐(Burggarten, 성의 정원)이라고 불리며 일찍이 이곳에 성이 있었다는 것을 웅변하고 있다. 굽이쳐 흐르는 다우버 강에 삼면이 둘러싸인 대지로 계곡 밑에서부터의 높이는 60미터나 되어 성을 건설하기에는 최적의 지점이었다. 먼저 10세기에 로텐부르크 백작의 성이 이곳에 건설되었는데 '로텐부르크'라는 지명은 이 백작가문의 가명에서

온 것이다.

현재 로맨틱 가도라는 이름으로 알려진 곳은 아주 오랜 옛날부터, 어쩌면 켈트인들의 시대부터 있었던 교역로로 후세에 개수가 거듭되어 온 것. 이 교역로는 독일을 종단하며 남으로는 브렌너 고개를 통해 알프스를 넘어 이탈리아에 이르고 있다. 10세기 무렵부터 원격지 상인이 부활하기 시작하여 이 가도를 자주 왕래하게 되자, 기왕이면 다홍치마라고 가도에서 가장 가까운 곳에 있었던 로텐부르크 백작의 성 옆에 정착하게 되었다. 이것이 상인의 마을 즉 중세도시 로텐부르크의 기원이었다.

노이슈반슈타인 성
.Neuschwanstein
로맨틱 가도(프랑크푸르트에서 퓌센에 이르는 장장 360km, 26개 도시와 마을을 연결하는 여행 루트)의 종점인 퓌센에 있는 유럽 최고의 아름다운 성. 로맨틱 가도는 낭만파 시대에 지어진 오래된 성이나 집들이 중세시대의 정취를 느낄 수 있다.

1108년에 로텐부르크 백작의 가문은 대가 끊겨, 이 성은 일단 콤부르크 수도원에 기증되었으나 후에 슈타우펜 가문 출신의 황제 콘라트 3세 소유의 성들 중 하나가 되었다. 그 황위를 계승한 것은 조카인 황제 프리드리히 1세로, 그는 로텐부르크에서 자랐고 황제에 선출되었을 때는 아직 8살이었기 때문에 로텐부르크 동자라는 별명이 붙여졌다. 성장함에 따라 비범한 지도력을 발휘하게 된 그는 이탈리아 원정 중에 발바롯사(이탈리아어로 붉은 수염)라는 별명이 붙여졌다. 붉은 빛을 띤 멋진 수염을 기르고 있었기 때문이었다. 그리고 오늘날에 이르기까지 프리드리히 1세라는 정식 명칭보다도 발바롯사라는 별명으로 더 잘 알려져 있다. 어찌되었든 독일의 역사 상 다양한 방면에서 매우 유명한 인물이다.

이 발바롯사의 시대(12세기 후반)에 로텐부르크는 상인의 마을로서 커다란 발전을 이뤄 처음으로 성벽이 생겼다. 제1차 성벽이라고 불리는 것으로 텐구의 얼굴 부분에 해당하며 길이는 약 1.5km였다. 이 무렵은 아직 시민에 의한 자치권은 제한된 범위 밖에 인정되지 않았던 때로, 영주였던 슈타우펜 가문의 관리가 마을을 다스렸다.

제국도시의 승격을 계기로 성벽을 대폭 확장

13세기 중엽에 슈타우펜 가문은 대가 끊기고 로텐부르크 성은 방치되어 차츰 황폐해져 갔다. 로텐부르크가 성하촌으로서 발족했음에도 불구하고 후에 성이 소멸되어버린 원인이 여기에 있다. 1254년부터 1272년까지 이어진 대공위 시대 이후, 황제로 선출된 합스부르크 가문의 루돌프 1세는 1274년 로텐부르크에 제국도시의 지위를 부여했다. 이로써 로텐부르크는 명목상으로만 황제에게 직속할 뿐 다른 어떠한 봉건제후의 지배도 받지 않는 자주독립 도시가 되었다.

그 무렵까지 이 도시는 더욱 발전해 제1차 성벽의 안쪽 만으로는 너무 비좁아져서 인가는 성벽의 밖으로까지 넘쳐나 새로운 시가지가 확장되고 있었다. 그래서 제국도시 승격을 계기로 시민의 지도자들이 의논한 끝에 성벽을 확장해 새로운 시가지를 수용하기로 했다. 이것이 제2차 성벽이라고 불리는 것으로 이

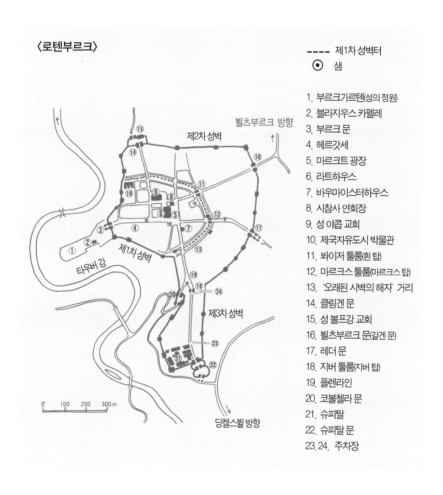

〈로텐부르크〉

---- 제1차 성벽터
⊙ 샘

1. 부르크가르텐(성의 정원)
2. 블라지우스 카펠레
3. 부르크 문
4. 헤르갓세
5. 마르크트 광장
6. 라트하우스
7. 바우마이스터하우스
8. 시참사 연회장
9. 성 야콥 교회
10. 제국자유도시 박물관
11. 봐이저 툴룸(흰 탑)
12. 마르크스 툴룸(마르크스 탑)
13. '오래된 시벽의 해자' 거리
14. 클링겐 문
15. 성 볼프강 교회
16. 뵐츠부르크 문(갈겐 문)
17. 레더 문
18. 지버 툴룸(지버 탑)
19. 플렌라인
20. 코볼첼라 문
21. 슈피탈
22. 슈피탈문
23. 24. 주차장

뵐츠부르크 방향

제2차 성벽

제1차 성벽

타우버 강

제3차 성벽

딩켈스뷜 방향

0 100 200 300 m

는 텐구의 머리카락 부분에 해당된다. 목 언저리까지 내려오는 긴 머리카락, 이것으로 성벽의 길이는 약 2.4km가 되었다.

성벽을 확장하고 새로운 시가지를 수용하게 되면 도시는 그만큼 인구가 증가하고 경제활동도 활발해져 보다 강력해지는 법이다. 그러나 성벽을 확장하는 데에는 막대한 비용이 소요되었고 게다가 그에 대해서는 어디로부터도 원조를 기대할 수 없는 것으로 시민 스스로 부담해서 해결해 나가지 않으면 안 되는 것이었다. 그 때문에 성벽의 확장은 로텐부르크에 한정되지 않고 어느 중세도시에 있어서도 그렇게 쉽게 볼 수 없는 중대한 문제였던 것이다.

그림에서 보면 알 수 있듯이 로텐부르크의 서쪽은 타우버 강의 깊은 계곡과 맞닿아 있어 확장의 여지가 없기 때문에, 서쪽에서는 당초의 성벽이 그대로 남았고 다른 세 방향으로 확장이 진행되었다. 그때 필요가 없어 철거된 성벽과 해자의 흔적에는 환상형 도로가 건설되었다. 그러나 중세의 도로는 마차 두 대가 지나갈 정도면 충분했기에 성벽과 해자를 철거하고, 남은 땅은 아직 여유가 남아있었기 때문에 시민에게 분양한 뒤 그 대금을 새로운 성벽을 건조하는 비용의 일부로 충당했다. 이것은 중세도시들의 성벽을 확장함에 있어서의 정석이었다.

덧붙여 말하면 성벽과 해자의 터를 전부 사용해 폭이 넓은 환상도로를 만들거나 환상공원을 설치하게 된 것은 중세가 막을 내리고 근세에 접어들면서부터의 일로, 즉 사회전반이 현저히 부유해진 이후부터이다. 중세도시에 그런 여유는 없었다.

로텐부르크에서 제1차 성벽과 해자의 터에 생긴 도로는 700여 년이 지난 오늘날도 알터 슈타트그라벤(Alter Stadtgraben, 오래된 시벽의 해자)이라고 불리고 있다. 시벽이란 도시를 감싸고 있는 성벽의 의미로, 그 문을

유럽에 빠지는 즐거운 유혹 ③

시문이라고 한다. 중세도시의 역사에 흥미를 품고
있는 사람에게는 로텐부르크를 방문할 기회가 있다
면 이 '오래된 시벽의 해자' 거리를 걸어 볼 것을 권
하고 싶다. 단순히 도로의 지명뿐만이 아니라 제1차
성벽의 시문이 2개 남아있다. 또 이 거리는 절반 가
량 원형을 그리고 있는데 그 중 북쪽 부분만은 유덴
갓세(Judengasse, 유대인 거리)라고 불리고 있다. 중
세에는 유대인 거주구역이었기 때문이다.

시벽은 도시의 상징이자 시민의 생명과 재산을 지
키기 위해 중요한 시설이었고 시민 누구나 아침부터
저녁까지 가까이에서 지켜보며 친근감을 느끼는 존
재였다. 그 때문에 먼 옛날부터 시벽에 대한 시민의
애착은 강해, 설령 확장에 의해 철거되는 경우에도

마르크스 툴룸
제1차 성벽이 철거되었을
때 남겨진 시문(市門) 마르
크스툴룸(마르크스탑)

하다못해 시문만은 기념으로 남겨두고 싶다고 생각한 듯 하다. 그래서 로텐부르크에서는 제1차 성벽이 철거된 부분 중, 봐이저 툴룸(흰 탑)과 마르크스 툴룸(마르크스 문)이라는 두 개의 시문이 남아있다. 양쪽 모두 이름은 탑이지만 실질적으로는 탑을 구비한 문, 즉 탑문이었다.

앞서 기술한 바와 같이 제1차 성벽의 서쪽 부분은 그대로 남았기 때문에 서쪽의 시문 즉 부르크 문은 당초 그대로의 위치에 있다. 부르크 즉 성에 면하고 있었기 때문에 이런 이름이 붙었다. 14세기에 한 번 개축되어 높은 탑이 추가되었지만 그래도 이 도시 최고(最古)의 역사를 자랑하는 시문임에는 변함이 없다. 원래는 문 밖에 빈 해자가 있어 도개교가 걸려 있었다. 빈 해자도 도개교도 소멸되었지만 문 양측에 설치된 위병소는 아직도 남아 있다. 부르크가르텐의 화단과 나무들을 전경으로 해서 바라보았을 때의 이 탑문의 모양새는 매우 인상적이다. 밤이 되면 조명을 받아 낮과는 또 다른 정취를 풍긴다.

 성문을 남기고 싶은 심정은 동서양이 마찬가지

마을을 감싸고 있는 성벽을 헐어버릴 때에, 하다못해 성문만이라도 남겨두고 싶다는 기분은 동서고금을 막론하고 마찬가지였던 모양이다. 유럽뿐만이 아니라 한국, 중국, 인도 등을 시작으로 서아시아와 북아프리카의 각지에서도 많은 예들을 볼 수 있다. 기념으로서 남겨두고 싶다는 마음과 도시의 미관 혹은 위용을 유지하고 싶은 마을이 있었기 때문인 것이다.

유럽에 빠지는 즐거운 유혹 ③

현존하고 있는 성벽의 완성과 슈피탈

1356년에 독일에서는 매우 드물게 대지진이 발생해 성벽과 성문의 대부분과 다수의 민가가 붕괴했다. 이미 무주공산이 되어 있는 성도 파괴되었기 때문에 사람들은 성의 석재를 날라다 자신들의 집 등의 재건공사에 사용했다. 이와 같은 이유로 성은 거의 자취를 감추었지만 1150년에 지어진 성의 예배당 블라디우스 카펠레만은 남았다. 지금은 전몰자 위령소가 되어 있어 경내에는 1400년경에 그려진 고색창연한 벽화가 걸려 있다.

대지진의 충격에서 벗어나자 시민은 성벽 등의 복구공사에 매진했다. 앞서 기술한 브루크 문의 개축은 그 복구공사의 일부였다. 이윽고 로텐부르크는 번영을 되찾고 성벽을 남쪽으로 더 확장하게 된다. 그것이 제3차 성벽으로 텐구의 목 부분에 해당된다. 성벽의 전장은 약 3.4km가 되고 그것이 거의 완전한 모습으로 현재까지 남아있는 것이다.

제3차 성벽에서는 그때까지 또 새로이 확장된 시가지 외에 훨씬 전부터 성벽 바깥에 있었던 슈피탈(Spital)도 성벽 안으로 수용되었다.

슈피탈의 어원은 영어의 호스피탈과 마찬가지로 옛날 중세에는 병원, 양로원, 빈민구호소, 여행객을 위한 숙소를 합쳐놓은 시설이었다. 중세도시는 하나의 운명공동체라는 의식이 강해 각종 규제를 만들어 시민이 제멋대로 행동하는 것을 용납하지 않았던 반면, 의지할 곳 없는 노인과 병자, 빈민 등은 모두가 힘을 합쳐 보살피는 것이 당연하다는 사고방식을 갖고 있었다. 그 예로서 어느 중세도시에도 각자의 실력에 따라 차이는 있었지만, 공적인 시설로서의 슈피탈을 가지고 있었다.

로텐부르크에도 일찍부터 작은 슈피탈이 있었는데 그것을 헐어버리고 현재와 같은 큰 슈피탈을 개설한 것은 1280년의 일이다. 제국도시로 승격하고 제2차 성벽의 건조에 매진할 무렵으로 일본에서는 카마쿠라 시대의 후반에 해당된다. 유럽에서 커뮤니티 라이프라는 사고방식이 진전되고 있었음을 이런 부분을 통해 엿볼 수 있다.

로텐부르크의 슈피탈은 그 후 약 300년에 걸쳐 증축 및 개축이 실시되어 크고 작은 것들을 합쳐 11동의 건물을 보유하기에 이르렀다. 그 중 한 개 동은 악성전염병 환자를 위한 격리 병동이었다. 중세의 의학지식에서는 아직 전염병의 정체가 불명이었지만 어쨌든 악성전염병의 경우에는 환자를 격리하는 이외에 방법이 없다는 것을 사람들은 경험을 통해 알고 있었던 것이다. 어느 중세도시에서도 처음에는 슈피탈을 반드시 성벽 바깥에 설치하도록 정해 두었던 것도 인구가 밀집된 성벽 내에서는 전염병이 확산될 우려가 컸기 때문이다.

중세도시의 시문은 일몰과 함께 닫히는 것이 기본 원칙으로 어떠한 유력자라도 해도 다음날 아침까지는 시문을 열게 할 수 없었다. 그것은 주로 보안상의 이유에 의해서였다. 가스등도 전등도 없던 시대의 일로 도시라고는 해도 밤이 되면 도로도 광장도 아주 캄캄해 달빛이나 인가의 덧문 사이로 새어 나오는 어렴풋한 불빛에 의존해야 했다. 물론 사람들은 필요에 따라 양초나 횃불을 사용했겠지만 그래도 주위가 아주 캄캄했다는 사실에는 변함이 없었다. 도둑 등이 어둠을 틈타 난동을 부리기에는 안성맞춤이었다. 그 때문에 일몰과 함께 시문을 닫음으로써 불온한 자들이 들어오지 못하도록 했던 것이다.

적에게 공격당할 위험이 예상되었을 때는 더 심각했다. 중세도시는 모두 시민개병 제도를 취해 시민군을 보유하고 있었는데 일몰이 되면 시민군의 당번이 종을 울리며 도시 안을 돌아 외부인은 모두 성밖으로 퇴거시킨 후 시문을 닫았다. 시문의 수비에도 역시 시민군의 당번이 배치되었는데 야음을 틈타 내부에서 기습공격 당해 시문이 열려 적들이 몰려들어오

거나 하면 큰일이었기 때문이다. 만일을 대비해 외
부인은 배제해 둘 필요가 있었다.

어쨌든 여행자는 원래부터 시민이라고 해도 폐문
시간에 늦었을 경우에는 성벽 밖에서 머물지 않으면
안 되었다. 그런 때에 성벽 밖에 슈피탈은 여관 대신
으로 매우 중요했다. 현대인의 감각으로 보면 병원
과 양로원과 여관 등이 한곳에 몰려있는 것은 이상
하게 생각되지만 이들 삼자간에는 공통점이 있다.
복수의 방이 있고 침대가 있고 다수의 인원을 위한
취사설비가 있어 좋았다. 중세사람들은 여차하면 바
닥 위에 건초를 깔고 선잠을 청하는 경우도 흔했기

지버 툴룸

제2차 성벽이 헐린 후에 남
은 시문 지버 툴룸(지버 탑)

때문에 더욱 그러했다.

로텐부르크의 슈피탈을 구성하고 있던 일군의 건물은 현재는 대부분 양로원 또는 유스호스텔로 이용되고 있다. 시대는 변해도 용도는 달라지지 않는다는 사실이 흥미롭다.

현존하고 있는 건물 중 가장 연대가 오래된 것은 슈피탈 교회로, 1281년에 건립되었다. 슈피탈의 개설연대가 1280년 무렵이니까 가장 먼저 간소하면서도 일단 사용이 가능한 병동과 이 교회부터 건설공사를 시작했던 것을 알 수 있다. 13세기라는 시대에 슈피탈을 만든 사람들에 있어서 교회는 슈피탈의 구성요소로서 없어서는 안 될 존재였음에 틀림없다. 병동은 그 후 다시 지어졌지만 교회는 창건 당시 모습 그대로 남아있어 지금까지도 예배에 사용되고 있다. 처음부터 쓰임새 많은 건축물이었던 것이다.

슈피탈의 안쪽에는 장대한 젠트세우네(Zehntscheune, 11조 납세 장소)가 있고 지금은 제국도시축제 홀 전용으로 사용되고 있다. 11조라는 것은 시민이 수입의 1/10을 교회에 납부한 것으로 곡물 등 현물도 많았기 때문에 큰 납세 장소가 필요했던 것이다. 11조는 시내에 있는 모든 교회의 유지비와 슈피탈의 운영경비 등으로 쓰여졌다.

코볼체라 문과 슈피탈 문

제3차 성벽이 만들어졌을 때, 제2차 성벽의 불필요해진 부분은 역시 철거되었는데 지버 툴룸(지버 탑)이라는 이름의 시문은 기념으로 남겨졌다. 이 시문의 내부에 플렌라인이라는 변칙적인 형태를 띤 작은 광장이 삼차로(三叉路)로 되어 있어, 한쪽 길은 타우버 강 계곡 방향으로 언덕을 내려간다. 그 때문에 플렌라인 부근은 지형의 변화가 심한데다 지버 탑을 시작으로 하는 고풍스러운 건축물들이 늘어서 있어 그림을 그리고 싶

슈피탈 Spital
대포에 발달해 대응하기 위
해 8자 모양의 거대한 보루
가 설치되어 있는 슈피탈 문.
배후에 제3차 성벽과 함께
만들어진 높은 탑문이 머리
를 내밀고 있다.

게 만든다고 한다. 때문에 많은 사람들이 자주 이곳
에서 그림을 그리거나 사진을 찍는다.

언덕길을 내려가면 바로 코볼첼라 문이 있다. 내
외 이중의 문을 갖춘 견고한 시문으로 제3차 성벽과
함께 축조되었다. 외문 위에 로텐부르크의 문장과 나
란히 제국의 문장 '쌍두 독수리'가 자랑스럽게 새겨
져 있다. 이 도시가 황제직속의 제국도시 임을 강조
하는 것이다.

또 황제의 문장 '쌍두 독수리'는 이후 설명할 시문
에도 모두 붙어 있다. 코볼첼라 문을 나서 언덕길을
좀 더 내려간 곳에서부터는 나무들이 늘어선 급사면
위로 성벽과 탑이 이어지는 풍경이 바라다 보인다.

현존하고 있는 로텐부르크의 성벽에는 6개의 시문
이 있는데 그 중 이미 보았던 부르크 문과 코볼첼라

문 외에 남은 네 개의 시문을 시계 반대 방향으로 돌아보기로 하자.

먼저 가장 남쪽에 있는 슈피탈 문부터 살펴보기로 한다. 슈피탈의 옆에 위치하고 있기 때문에 이런 이름이 붙여졌으며 깊은 빈 해자와 사중의 문을 갖춰 당시의 시문 중에서는 가장 방비가 엄중하다. 이 시문 부근에는 남쪽으로 돌출한 형태로 되어 있어 집중공격을 받기 쉽다고 여겨졌기 때문인 것일까. 가장 내측에는 높은 탑문이 있는데 제3차 성벽과 함께 14세기에 생긴 것이다. 그 외측에는 거대한 원형 보루 두 개가 이어지고 있으며 숫자 8과 같은 형태로 되어 있다. 대포의 발달에 발 맞춰 16세기에 추가된 방어시설이다. 이처럼 벽이 매우 두껍고 원형으로 되어있는 보루는 대포에 의한 공격에 강하다고 여겨졌다.

로텐부르크에서는 성벽이 전부 무료로 공개되고 있어 성벽 위를 한바퀴 일주할 수 있는데 그 일부로서 슈피탈 문의 보루 안으로도 들어갈 수 있다. 그곳에는 포가에 놓여진 작은 대포가 죽 늘어서 있고 도시를 지키는 측에서도 역시 대포를 유효하게 사용했음을 알 수 있다.

그 외 슈피탈 문에는 내리닫이 격자가 설치되어 있었다. 격자 자체는 이제 없지만 문을 통과하면서 위를 올려다보면 내리닫이 격자의 슬릿이 기분 나쁘게 입을 벌리고 있다.

슈피탈의 건축물들을 배경에 넣어 이 문의 위풍당당한 모습을 카메라에 담으려면 아침 이른 시간에 문밖에서 찍는 것이 가장 좋다.

레더 문, 뷜츠부르크 문과 클링겐 문

다음은 동측의 레더 문이다. 1356년의 대지진 후에 개축된 탑문이 높게 솟아있고 그 앞에 다시 삼중의 문과 이중의 해자가 설치되어 있는데 슈피탈 문과 비교해보면 훨씬 고풍스러운 느낌이다. 정말로 중세도시의

유럽에 빠지는 즐거운 유혹 ③

시문이라는 느낌이 와 닿는다. 특히 아침에 외문으로 나가 도로 저편에서 바라다보면 아주 훌륭하다. 또 탑 위까지 올라가 이 문으로 시내 전체를 내려다 볼 수도 있다.

그 다음은 성벽의 동북쪽 구석에 가까운 빌츠부르크 문이다. 마인 강변에 있는 주교 도시 빌츠부르크로 향하는 고래의 가도가 이 문에서 뻗어있기 때문에 빌츠부르크 문이라고 이름지어졌다. 당시에 6개가 있었던 시문 중, 대형 마차가 지나갈 수 있었던 것은 이 문뿐이었다. 14세기의 개축으로 생겨난 높은 탑문만을 남기고 그 후에 추가된 방어시설은 도로를 넓히기 위해 전부 헐려버렸다. 버스로 이 도시를 방문하는 사람은 가장 먼저 이 문을 통과해 구 시가지로 들어오게 된다.

이 문에는 가르겐 문이라는 별명이 붙여져 있다. 가르겐이란 교수대를 의미하는데 문밖 가도 곁의 벌판이 형장으로 사용되어 교수대가 세워져 있었기 때문에 이런 이름이 붙었다. 일벌백계의 의미를 담아서 어느 중세 도시에서도 교통량이 가장 많은 시문 바로 옆에 형장을 설치하고 있었던 것이다. 본보기로 삼기 위해 목이 매달린 죄인은 2,3 일 동안 끌어내리지 않고 그대로 두었고 시체 썩은 냄새가 퍼지기 시작하면 가도를 오가는 사람들은 코를 막고 지나쳐야 했다.

마지막은 성벽 북서쪽 구석에 가까운 클링겐 문이다. 이 부근은 관광객이 거의 오지 않는 곳으로 언제나 한적하다. 문안의 '클링겐갓세' 라는 거리에는 가게가 거의 없고 낡아빠진 민가만이 조용하게 처마를 잇대고 늘어서 있는 분위기다.

클링겐 문에는 불규칙적인 형태를 한 넓은 승형(桝形)이 붙어있다. 이 문 부분만이 성벽이 내외이중으로 되어 있다, 라고 말해도 좋다. 내성벽이라는 것은 말하자면 제2차 성벽으로 그곳에는 14세기의 개축으로 인해 생긴 높은 탑문이 솟아있다. 그에 대해 외성벽이란 이 문의 방비를 강화하기 위해서 15세기 말에 추가된 것으로 낮으면서도 역시 탑문을 구비하고 있다.

내성벽과 외성벽의 사이에 끼어있는 승형과 면해 성 볼프강이라는 이름의 교회가 세워져 있다. 승형 쪽에서 보면 이것은 후기 고딕 양식의 단정한 모습을 한 교회임이 틀림 없는데 외성벽의 바깥쪽에서 보면 양상이 일변해 화살 발사 구멍을 갖춘 성채와 같은 구조이다. 교회 안까지 들어가 꼼꼼하게 관찰해보면 이 건물이 한편으로는 교회의 역할을 수행하고 또 다른 한편으로는 외성벽 방위의 일익을 담당하고 있었음을 더욱 잘 알 수 있다.

15세기 말의 로텐부르크에서는 제반 정세가 방위력의 강화를 강요하고 있었고 그와 함께 인구가 급격하게 증가해 교구교회를 증설할 필요성에 쫓기고 있었다. 양쪽을 동시에 진행하기에는 자금이 부족했다. 그래서 방위력 강화의 일단을 담당할 클링겐 문의 외성벽과 새로운 교구교회를 합체시켜 건설하기로 했다고 한다. 성벽도 교회도 견고한 석재 구조물이라는 점에서는 공통되어 있어 양자를 합체시켜 건설비의 절약을 꾀한 예는 로텐부르크 이외의 중세도시에서도 종종 찾아 볼 수 있다.

대성당이라고 해도 도시방위의 일익으로

필요에 의해 성벽과 합체된 것은 보통의 교회뿐만 아니라 대성당의 경우도 마찬가지였다. 오히려 대성당 쪽이 보통 교회보다 훨씬 장대한 건조물이었기 때문에 성벽과 합체시킴으로써 방위력을 증강시키는 효과는 훨씬 컸을 것이다.

스페인의 아빌라 대성당은 그 한 예이다. 사진은 대성당의 아프스(내진

[內陣]의 안쪽에 있는 반원형의 부분)을 바깥쪽에서 본 것으로 완전히 성벽과 같은 구조이다. 옥상에는 다수의 병사를 배치할 수 있도록 이단 구조의 테라스로 되어 있고, 흉벽을 둘러싸고 낙석용 난간이 빈틈없이 늘어서 만전의 태세를 이루고 있다. 그 아래로 보이고 있는 작은 창은, 석궁의 발사를 위한 화살 발사 구멍과 성당 안으로 빛을 들게 하기 위한 역할을 겸하고 있다. 과연 이것만으로는 대성당의 외부로서 너무나도 살벌하다고 생각했는지 굵은 각주를 엇갈리게 배치한 '부주(付柱)'를 곁들이고 있고 창은 굵은 각주 부분에 설치되어 있다. 그러나 이들 부주는 단순한 장식으로 구조와는 관계가 없다. 그 안은 두께가 2m 이상이나 되는 견고한 석벽으로 되어 있다.

양쪽으로 보이는 집과 바로 앞에 보이는 도로 부분은 그 옛날에는 넓은 빈 해자였다. 이들 집들의 내부

아빌라 대성당의 아프스
아빌라 대성당의 아프스를 바깥쪽에서 본 모습

에는 지금도 성벽이 이어져 있다. 아빌라의 마을은 동서로 긴 대지를 점해, 동쪽이 가장 취약했기 때문에 동측의 성벽을 각별히 견고하게 하고, 그 가운데 부분에 성채처럼 만든 대성당을 배치해 방위에 만전을 기했던 것이다. 현존하고 있는 아빌라의 성벽과 대성당은 같은 11세기에 만들어 졌다.

상인의 도시 로텐부르크 발상의 길

6개의 시문을 다 돌아보았으니 이 도시의 발생과 성장의 원동력이 된 고래의 가도 유적을 더듬어보자. 그것은 남쪽에서는 슈피탈 문, 지버 툴룸을 통과해 구시가지의 중심인 마르크트 광장에 이르고 그곳에서 봐이서 툴룸, 빌츠부르크 문을 거쳐 빌츠부르크 방향을 향하고 있다. 현재 성벽의 훨씬 동쪽을 우회하고 있는 도로에 로맨틱 가도라는 표시가 되어 있으나 그쪽은 구시가지를 우회하기 위해 만들어진 새 도로이다.

현존 부르크가르텐이라고 불리고 있는 장소에, 10세기에 처음으로 성이 지어졌을 때, 고래의 가도에서 성을 향해 벌판에 한 줄기 도로가 생겼다고 생각된다. 지금 마르크트 광장과 부르크 문을 연결하고 있는 헤른갓세 길이 그것이다. 부르크 문 부근은 성주 로텐부르크 백작에게 종사하는 자들의 주거지였고, 그 아래쪽 가도 부근에 상인들이 정착하기 시작했을 것이다. 처음에 쓴 것처럼 이곳이 바로 상인의 도시 로텐부르크의 발상지였다.

그 때문에 이 도시의 개척자로서 성공을 거둔 사람들의 자손들로 시정을 지배할 정도로 대상인이 된 이들 중 많은 수는 이 거리에 정착해 가정을 꾸리는 결과를 낳았다.

지금의 독일어에서는 남성은 모두 헬(Herr, 복수형으로는 헤른)로 불린

아빌라 대성당 avila Cathedral
현존하고 있는 아빌라의 성벽과 대성당은 같
은 11세기에 만들어졌다.

다. 남자 화장실도 'Herrn'으로 표시된다. 그러나
옛날에는 군주, 영주와 그 관리들, 대지주, 대규모 점
포의 주인 등에 한해 헬이라고 불렀다. 그래서 헤른
갓세(Herrngasse)라는 거리가 됐는데, 원래는 영주
의 관리들의 집이 있었고 훗날에는 시정을 지배할 정
도의 대상인들의 집이 늘어서게 되었기 때문에 이런
이름이 오늘날까지 남아있는 것이다. 나는 이것을
'나으리들의 거리'라고 번역하고 있다. 도로의 폭은
이 도시 안에서 가장 넓다.

그리고 단순히 이름뿐만이 아니라 실제로도 일찍
이 대상인들이 살던 호화로운 저택이 지금까지도 이
거리에 처마를 잇대고 늘어서 있다. 박공에 나타나

있는 목조장식은 세심하게 만들어진 것이 많고 또, 박공 맨 위로는 철제 대들보가 나와 있다. 이 대들보에 도르래를 매달고 짐을 각 층으로 끌어 올리는데 사용했던 것이다. 현재 '호텔 아이젠푸트'로 사용되고 있는 건물도 일찍이 대상인의 집 중 하나이다. 아이젠푸트는 직역하면 철의 모자, 즉 투구를 말한다. 그래서 건물 외벽에서 도로 위쪽으로 돌출해 있는 중세풍의 간판에는 투구 모양이 표시되어 있다. 이 거리에는 400년 전부터 이어지고 있는 명문 스타우트 가문의 사람들이 살고 있는 집도 있어 '슈타우처 파트리시아호프'라는 옥호로 알려져 있다.

중세 풍의 단철(鍛鐵) 세공 간판

독일, 오스트리아, 스위스 등의 역사가 오래된 도시에서는 지금까지도 중세 풍의 간판이 살아있다. 이것은 단철로 만들어져 집들의 이층쯤에서 도로를 향해 직각으로 돌출되어 있다. 구 시가지에는 폭이 매우 좁은 거리에 가게들이 밀집해 있는 곳이 많은데 거리가 사람으로 가득 차도 이와 같은 간판은 높은 곳에 돌출되어 있기 때문에 눈에 잘 띈다. 이러한 간판이라면 멀리서도 금세 알 수 있다.

옛날에는 민중의 대부분이 글을 읽지 못했던 탓도 있을 것이다. 이러한 간판의 주역은 문자가 아니라 도형이었다.

도형의 선택방법에는 두 개의 패턴이 있다. 먼저 첫 번째는 옥호를 표시한 도형이다. 예를 들면 옥호가 고르디나 애들러(金鷲屋)라면 금색을 입힌 단철세공의 독수리, 로터 베어(赤熊屋)이라면 마찬가지로 붉게 칠한 곰, 드라이 케니게(三王亭)라면 별과 세 개의 왕관이라는 방식. 삼왕정(三王亭)이라는 옥호의 기원은 별에 이끌려 아기 예수를 예배하러 왔다고 전해지는 세 명의 동방박사들(점성술 학자들)로 중세 독일에서는 그것이 세

프레첼
프레첼이라고 불리는 전통적인 빵 모양의 도형으로 현재도 만들어지고 있다.

명의 임금님으로 격상되어 오늘에 이르기까지 계승되고 있다.

오스트리아 키츠뷜에 있는 호텔 레스토랑에는 창업 500년의 역사를 지닌 고르데나 그라이프(금 그리폰 관)가 있으며, 그리스 신화에 나오는 상상의 동물 그리폰을 표시한 중세 풍 간판을 볼 수 있다.

위의 사진에 나오는 문양은 프레첼이라고 불리는 전통적인 빵 모양으로 현재도 만들어지고 있다.

A라는 문자를 도안화시킨 것이나 막자사발 모양이 나와있다면 약국이다. A는 아포테크(약국)의 머리글자이다. 와인 잔, 술통, 포도 등의 모양이 나와있다면

레스토랑이나 호텔로, 옛날에는 여관이 식당과 선술집을 겸하고 있던 시대의 흔적이다.

도매시장이 생기고 번화해진 마르크트 광장

고래의 가도에서 혜른갓세가 분기하는 지점에 생긴 마르크트 광장은, 옛날에도 지금에도 로텐부르크의 중심에 있다. 처음에는 길 양쪽으로 상품을 늘어놓고 거래를 했지만 어느 시점부터 마을 사람들이 지주로부터 땅을 인수해 광장으로 만들었던가, 혹은 영주 로텐부르크 백작이 광장을 제공했던가 했을 것이다. 독일어로 마르크트(Markt)는 영어의 마켓(Market)과 마찬가지로 시장이라는 의미이다.

로텐부르크에 한정되지 않고 독일의 중세도시에서는 거의 대부분 구시가지의 중심에 마르크트라는 이름의 광장이 있다. 현재 그러한 광장에서는 대개 새벽시장과 같은 형태의 장이 정기적으로 열리고 있다. 그러나 옛날 중세시대에 마르크트 광장에서 열린 것은 그와 같은 소비자를 상대로 한 소매시장이 아니고 원격지 상인과 수공업자 등 프로끼리 거래를 하는 도매시장이었다. 중세도시에서는 동업조합의 규제가 강해 주요상품에 대해서는 자신의 가게에서 거래를 하는 것이 허락되지 않고 마르크트 광장과 그 외 조합에서 정한 장소에서 거래를 하도록 되어 있었다. 남몰래 거래를 하는 자가 생겨나 가격붕괴가 일어나거나 품질이 조악한 제품이 출하되거나 해서 그 도시의 신용을 떨어뜨리지 않도록 하기 위함이었다.

도매시장을 개최할 권리는 개시권이라고 불려 원래는 영주가 독점하고 있었다. 영주의 관리의 감독 하에 시장에 가져온 상품에 대해 일정한 세금을 거두었던 것이다. 세율은 낮았지만 건수가 많아 영주에게는 좋은 현금수입이 되었다. 그 대신 관리가 시장의 질서유지를 유지하고 폭력을 행사하는 자나 부정을 저지르는 자를 단속했다. 그러는 사이 도시가 힘을 길러 영주로부터 개시권을 돈으로 사들이거나 실력으로 빼앗게 되었다.

로텐부르크의 마르크트 광장 서쪽에는 시청에 해당하는 라트하우스가 당당한 모습으로 자리하고, 그 입구 위쪽으로는 정의의 여신상이 세워져 광장을 내려다보고 있다. 정의의 여신은 왼손에 든 천칭으로 정사(正邪)를 달고, 오른손에 든 검은 악을 응징하는 것으로 영주 대신 도시가 행사하게 된 시장감독권을 상징하고 있다. 마찬가지로 정의의 여신상은 다른 도시의 마르크트 광장에서도 많이 볼 수 있다.

도시의 자유와 독립의 상징이었던 라트하우스

로텐부르크의 라트하우스(Rathaus, 시청)는 앞뒤로 두 개의 건물이 붙어있는 형태로 되어 있으며, 뒤쪽의 높은 탑이 있는 쪽이 오래된 고딕양식으로 13세기에 만들어졌다. 앞쪽은 르네상스 양식으로 16세기에 개축되었고 17세기에 바로크 양식의 전랑(前廊)이 덧붙여졌다.

라트하우스의 라트(Rat)는, 원래는 상담이나 조언을 의미하는 말이다. 중세도시를 지배했던 것은 처음에는 영주의 관리들이었으나 차츰 시민의 대표에게도 시정에 대한 상담과 조언을 구하게 되었다. 이것이 라츠헬(Ratsherr)의 기원으로 시참사(市參事)라고 번역되고 있다. 이윽고 도시가 힘을 기르게 됨에 따라 영주의 관리에는 시참사가 임명되는 것이 관례가 되거나, 도시가 영주에게 돈을 지불하고 시정의 전권을 시참사들에게로 이양시키게 만들었다. 이렇게 해서 대부분의 중세도시에서는 시참사들이 시정의 제일 높은 자리를 차지하기에 이르렀다.

시참사의 정원은 도시에 따라 다르나, 12명이라는 예가 가장 많다. 그들은 시참사 회를 결성하고 호선(互選)으로 시장과 건설역[建設役, 바우마

라트하우스 Rathaus
로텐부르크의 마르크트 광장 서쪽에는 시청에 해당하는 라트하우스가 당당한 모습을 보이고, 그 입구 위쪽에 정의의 여신상이 세워져, 광장을 내려다보고 있다.

이스터(Baumeister)] 등을 선출했다. 건설역이라는 것은 현재의 용어로 말하자면 조역(助役), 수입역(收入役), 건설부장을 겸하는 중요한 역할이었다. 시장을 보좌하고 시의 수입을 관리하며 성벽과 그 외 시의 시설, 건설과 유지를 담당하는 임무를 맡고 있었다. 중세도시는 비교적 인구가 적었는데도 장대한 성벽을 구축해 둘 필요가 있었기 때문에 상대적으로 성벽이 매우 무거운 짐이었다. 시의 수입의 태반은 성벽의 건설과 보수를 위해 사용되었다. 건설역이 동시에 수입역을 겸하게 된 까닭이었다.

덧붙여 말하면 로텐부르크에는 옛날, 건설역이 살던 집이 마르크트 광장의 바로 근처에 있어 지금은 바우마이스터 하우스라는 이름의 레스토랑으로 되어 있다.

라트하우스는 시장과 건설역을 포함해 시참사들이 집무를 보는 장소였다. 도시가 작으면서도 하나의 독립국과 마찬가지 존재였던 시대에는 행정 및 재정과 사법에서 군사에 이르기까지 도시의 번영과 독립을 확보하기 위해 필요한 일체의 일들을 도맡아 관리하는 중추였던 셈이다.

현재에는 일본의 시청과 비슷한 조직이 되어 있지만 그렇다고 해서 독일의 중세도시의 라트하우스를 시청이라고 지칭하는 것이 적절할지 어떨지 모르겠다. 일본의 역사학자 중에는 의문을 품고 있는 사람도 많아 시참사회당이라고 번역하거나 라트하우스라는 단어를 그대로 사용하는 경우도 있다.

독일의 중세도시가 아래로부터 번성하기 시작해 생겨난 공동체인 것에 대해, 일본의 시제(市制)는 메이지 시대가 되고 부터 위의 정책에 의해 생겨난 제도이다. 행정구역 합병으로 인구가 늘어나면 시로 승격되는 것과 같은 것이다. 일본에서는 시청이라고 하면 많은 사람들이 먼저 떠올리는 쓰레기 처리 문제이거나 증명서류를 발급받기 위해 간다든가 하는 사실들과 관계가 없지는 않다. 현대 독일인들이 라트하우스라는 말에서 먼저 무엇을 연상하는가 하는 것은 한마디로 말할 수는 없겠지만 라트하우스가 시민자치의 상징이라는 사고방식은 면면히 이어져 오고 있다.

중세도시의 라트하우스는 인구와 산업규모에 비해

유럽에 빠지는 즐거운 유혹 ③

서는 모두 매우 훌륭하게 만들어져 있었다. 그것은 그냥 단순하게 실용성만을 위한 건물은 아니고 그 도시를 상징하는 존재였기 때문이다. 현대에 와서 업무량이 늘어 라트하우스가 좁아지자 별도의 건물을 만들어 사무의 태반을 그곳으로 옮겨갔기 때문에 역사적인 라트하우스는 수백 년 전 모습 그대로 보존해 두는 것이 당연시되고 있다.

그런 생각을 하면서 로텐부르크의 라트하우스의 내부를 견학하면 흥미는 배가될 것이다. 고딕 양식의 카이저잘(황제의 큰 방), 돌에 부조를 새기고 채색을 한 〈최후의 심판〉 등이 볼만하다. 좁고 경사가 급한 계단을 올라 탑 위로 나가면 시 전체가 한눈에 들어온다. 그 외 지하에는 감옥과 고문실 등도 있어 도시가 중세풍의 사법권까지를 행사했던 것을 웅변하고 있다.

시참사 연회장과 마이스터 트링크의 고사

중세에는 시참사가 되는 것은 극히 일부의 유력한 대상인과 그 일족의 사람들로 제한되어 있었다. 이것은 일종의 신분제도로 그들은 도시귀족이라고 불리며 시정을 좌지우지했던 것이다. 시장을 시작으로 시참사들은 모두 무거운 책임을 지고 격무에 시달렸음에도 불구하고 완전한 명예직으로 간주되어 무급이었다. 그렇게 해서 일정한 기회에 시의 비용으로 먹고 마시고 할 수 있는 것만이 보수 대신이었다. 물론 긴 안목으로 보면 그들은 행정을 지배함에 따라 일족이 경영하고 있는 사업을 위해 충분한 경제적 이익을 얻었음에 틀림없다.

로텐부르크의 마르크트 광장 북쪽에 라츠헤른 트링크스투베라고 불리는 건물이 있다. '시참사들이 한잔 하던 방'이라는 의미인데 보통은 참사 연회장으로 번역되고 있다. 이곳에서 먹고 마시거나, 이곳에서 개최되는

무도회 등에 참가할 수 있는 것은 앞서 기술한 바와 같은 도시귀족과 그 가족들로 제한되어 있었다. 지금은 시의 관광안내소가 마련되어 있어 무료로 지도를 받거나 호텔과 민박을 소개받을 수 있다.

현재의 건물은 바로크 양식으로 17세기에 개축된 것이다. 박공에는 위로부터 순서로 해시계, '쌍두 독수리' 문장, 날짜를 표시하는 시계, 시각을 표시하는 시계가 붙어있다. 시계의 양 옆에 있는 커다란 창에는 매일 일정시간에 열려, 바라본 방향에서 왼쪽 창에는 구교연맹의 틸리 장군, 우측 창에는 전 시장 눗슈의 인형이 나타나, 30년 전쟁 때의 유명한 사건, 마이스터 툴룽크(천하무쌍의 단숨에 마

시참사연회장

박공에는 위로부터 순서로 해시계, '쌍두 독수리' 문장, 날짜를 표시하는 시계, 시각을 표시하는 시계가 있고, 바라본 방향에서 왼쪽 창문에는 틸리 장군, 오른쪽 창문에는 와인을 단숨에 마시고 있는 전 시장 눗슈의 인형이 있다.

유럽에 빠지는 즐거운 유혹 ③

시기)의 한 장면을 재현한다. 틸리 장군이 시참사는 모두 목을 베고, 마을은 불태워 버린다는 선고를 내렸을 때, 전 시장 눗슈가 3.25ℓ의 와인을 단숨에 마셔버리는 대담한 행동을 저질러 시참사들의 목숨과 마을을 구했던 것이다. 1631년 10월 30일에 실제로 있었던 일로 매년 이 날에는 시민들이 모두 나와 성대한 시대 축제가 거행된다.

그 외 로텐부르크에는 독일 최고의 고딕 조각가 리멘슈나이더의 작품이 있는 성 야콥 교회, 13세기에 생긴 수도원을 전용한 제국자유도시 박물관 등, 볼 것이 많다.

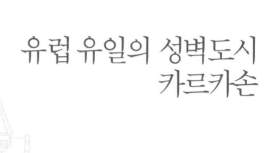

유럽 유일의 성벽도시 카르카손

옛 로마시대부터 이어져 온 교통의 요지

유럽에는 지금까지도 성벽에 둘러싸여 있는 도시가 몇 개 있는데 그 중에서도 최고로 훌륭한 것은 앞서 기술한 남프랑스의 카르카손(Carcassonne)이다.

프랑스 지도를 보면 녹색으로 표시되어 있는 평야가 이어지며 지중해 쪽과 대성양 쪽이 연결되고 있는 것은 카르카손 부근밖에 없다. 다음은 모두 갈색으로 표시되어 있는 산맥과 고지에 접해 있다. 그런 지리적조건 때문에 이곳은 먼 옛날부터 절호의 교통로로 여겨져 왔다. 로마시대의 가도에서 근세 이후에 생긴 운하, 철도, 고속도로에 이르기까지 중요한 교통로는 모두 이곳을 통과하고 있다. 카르카손은 그런 교통로를 제압하는 지점에 생긴 마을로 오드 강 계곡을 내려다보는 대지에 위치하고 있다.

이미 켈트인(갈리아인)들의 시대부터 피난요새가 있었던 것을 로마인들이 점령하고 석조 성벽을 갖춘 마을로 만들었던 것이 카르카손의 기원이다. 고대말기에 일단 쇠퇴한 다음, 다시 중세도시로서 활력을 되찾았다. 원류를 거슬러 올라가 분류하면 로마도시의 부류에 들어가는 중세도시이다.

내외 이중으로 되어있는 성벽 중, 외성벽은 13세기에 추가된 것이지만 내성벽은 거의 로마시대 그대로이고 부분적으로 붕괴와 개수가 반복되어 왔다.

로마인이 넓은 영토 내의 각지에 새로이 만든 마을

카르카손 전경
로마시대의 가도에서 근세 이후에 생긴 운하, 철도, 고속도로에 이르기까지 중요한 교통로는 모두 이곳을 통과하고 있다.

의 실례는 많이 남아있고 거의 대부분이 질서정연한 장방형으로 설계되고, 성벽에 둘러싸여, 동서남북에 각각 성문을 갖추고 있다. 그것이 로마인의 도시 건설의 규칙이었는데, 이곳 카르카손에서는 규칙에 연연하지 않고 자연지형에 맞춰 인간의 귀와 같은 형태의 한 마을을 만들고, 성벽으로 둘러쌌다. 그래도 성문은 역시 동서남북에 만들어졌다. 현존하고 있는 성문은 모두 후세에 개조된 것이나 위치는 로마시대 그대로이다.

외성벽은 프랑스왕 루이 9세가 1247년부터 건설에 착수해 그 아들 필립 3세가 이어받아 1285년에 완성시켰다. 외성벽 건설과 병행해 내성벽과 성문의 개수도 행해졌다. 이처럼 왕가가 성벽증강에 달려든 것은 프랑스의 숙적 아라곤과의 싸움에 있어서 카르카손이 군사적으로 극히 중요했기 때문이다. 아라곤은 이베리아 반도 동북부를 점하고 있던 왕국으로 훗날 카스티야와 합병해 스페인 왕국을 형성하기에 이르는데, 13세기에 그 영토는 피레네 산맥을 넘어 현재 프랑스 영토에까지 밀고 들어가 있었다. 그런 까닭으로 카르카손의 성벽은 로텐부르크와 같이 시민이 자력으로 만든 경우와는 성격이 약간 다르다.

루이 9세는 또 오드 강 너머의 평지에 새로운 시가지를 만들었다. 빌 바스(Ville Basse, 낮은 마을)라고 불리던 부분이 그것으로, 이후 카르카손의 상업과 수공업의 중심은 그곳으로 옮겨갔다. 현존하는 시청, 국철의 역, 운하의 선착장 등도 모두 빌 바스에 있다. 그에 대해 대지 위에 있는 고래의 시가지는 라 시테(La Cite)라고 불리게 되었다. 라(La)는 정관사, 시테(Cite)는 영어의 시티와 마찬가지로 도시라는 의미. 카르카손의 마을은 가장 오래된 구시가지의 성벽에 둘러싸인 라 시테, 그 다음으로 오래된 구시가지의 역 등이 있는 빌 바스, 그 주변에 생긴 신시가지 등, 세 개로 나눠 생각하면 알기 쉽다.

나르본 문에서 내외성벽의 사이를 가다

라 시테가 위치하고 있는 대지는 북, 서, 남 세 방향이 급경사를 이룬 계곡으로 이어지고 동쪽 만이 평탄하게 되어 있다. 그래서 동쪽은 더욱 방비가 엄중해 나르본 문이라고 불리는 동문은 그만으로도 독립된 성채에 필적할 정도의 규모를 갖추고 있다. 문의 명칭의 유래는 지중해안에 있는 고도 나르본으로 향하는 로마시대 이래의 가도가 이 문을 통과하고 있기 때문이다. 이 문은 언제 보아도 위풍당당한 느낌을 주는데 아침 햇살에 빛나고 있는 정경은 무엇과도 비할 바 없이 훌륭하다.

문 앞의 빈 해자에는 지금까지도 목조 도개교가 걸려 있어 대형차는 지날 수 없다. 소형차는 지나갈 수 있지만 이조차도 특별히 허가를 받은 차가 아니면 시내에 들어갈 수 없게 되어 있다. 방문자들은 모두 문밖 주차장에 차를 세워두고 걸어서 라 시테 안으로 들어간다. 도

나르본 문
바로 앞이 외성벽의 문으로 그 너머로 하나의 독립된 성채에 필적할 정도의 내성벽의 문이 있다.

개교를 건너면 내성벽과 외성벽의 사이에 있는 넓은 통로로 이어지는데, 이곳을 리스(Lices)라고 부른다. 리스란 프랑스어로 성벽으로 구획된 장소라는 의미이다.

나르본 문의 본체는 내성벽 위에 솟아있으며 13세기에 만들어진 고딕양식의 성모마리아상이 문을 드나드는 사람들을 내려다보고 있다. 우리들은 문안으로 들어가기 전에 먼저 리스 안에서 조금 남쪽으로 내려가 내성벽의 형태를 가까이에서 살펴보도록 하자.

내성벽은 매우 높이 솟아 있는데 비해 외성벽은 이렇게 리스에서 보면 정말로 높이가 낮은 느낌이다. 그것은 지면에 높낮이 차이가 있기 때문으로 외성벽에서 몸을 내밀듯이 해서 아래를 보면 꽤 높다는 것을 알 수 있다. 지금은 빈 해자가 절반 이상 토사로 묻혀 있다고 하니 당초의 성벽은 실질적으로는 더욱 높았던 셈이 된다.

외성벽의 탑은 완전한 원형으로 된 것도 있지만 대다수는 반원형으로 내측 즉 리스와 면하고 있는 쪽은 열려 있다. 2장에서 설명했듯이 외성벽의 탑은 혹시 적에게 빼앗겼을 때에 적의 거점으로 이용될 우려가 있다. 그래서 만일 적에게 빼앗겼을 때 역이용되는 일이 없도록, 또 이쪽에서 탈환하기 용이하도록 안쪽은 벽도 없는 텅 빈 구조로 되어 있다. 방위설비는 외측을 향해서만 설치되어 있으면 된다는 사고방식이다.

내성벽은 긴 세월에 걸쳐 자연적으로 붕괴되거나 전란으로 부분적으로 파괴된 후 다시 수복되는 구조가 반복되어, 다양한 시대에 쌓인 돌들이 마치 단층과 같이 겹쳐져 있어서 매우 흥미롭다. 돌 쌓기의 방식은 시대에 따라 모두 다르다. 가장 오래된 갈리아 로마시대의 것은 잘린 거대한 돌로 쌓아져 있다. 전성기 로마시대의 것은 잘린 돌을 사용하지 않고 자갈만을 석회 고착제에 개어 바른 콘크리트 공법을 사용하고 있기 때문에

　　　　　유럽에 빠지는 즐거운 유혹 ③

금세 알 수 있다. 로마인은 오늘날의 콘크리트에 필적할 정도의 강도를 가진 석회 고착제를 개발해 콘크리트 공법을 가능하게 만들었다. 그 편이 잘린 돌을 쌓아 올리는 것보다 훨씬 공사가 용이하고 비용이 적게 들었다.

로마제국이 멸망한 다음 게르만 민족인 서고트족이 한동안 카르카손을 지배했는데 그들이 성벽을 개축한 흔적은 극히 조잡하기 때문에 금세 알 수 있다. 중세로 접어들면서 로마시대와 같이 강력한 석회 고착제를 만드는 기술은 상실되어 버렸다. 중세의 석회 고착제는 힘이 약해서 콘크리트 공법 같은 것은 엄두도 내지 못했다. 그래서 다시 잘린 돌은 빈틈없이 쌓

카르카손 내성벽
빈 해자가 절반 토사로 묻혀버리기 전에는 외성벽은 실질적으로 더욱 높았다.

아 올리는 공법으로 되돌아갔던 것이다. 13세기에 루이 9세와 필립 3세가 실시한 보수공사에 그것이 잘 나타나 있다. 양자는 비슷한 사이즈의 잘린 돌을 사용하고 있는데 루이9세 쪽은 평활(平滑)한데 비해 필립 3세 쪽은 장식효과를 노리고 표면에 네모난 틀을 새겼다.

왜 새로운 돌 쌓기 방식이 거꾸로 하층에 있는가

여기서 잘 살펴보면 이상한 사실을 눈치채게 된다. 성벽 절반이 붕괴된 것을 수복하면 이전 시대에 쌓인 돌 위에 새로운 시대에 쌓은 돌이 놓여 있을 터이나 이곳에서는 반드시 그렇지만은 않다. 13세기에 쌓인 돌 위에 역으로 서고트시대나 로마시대에 쌓은 돌들이 놓여있는 것이다.

어째서 이런 기묘한 상태가 되어 있는가 하면 13세기에 외성벽을 쌓을 때, 경사면을 고르게 한 후 내성벽 하층에 새로이 자른 돌을 박아 넣었기 때문이다. 이로써 성벽의 크기는 높아지고 외성벽은 안쪽에 흙이 쌓이며 더욱 견고해졌고 리스는 경사면이 아니라 평면이 되었기 때문에 아군 병사를 이동시키기에 편리해져 일석삼조의 효과로 방어력을 증강시킬 수 있었던 것이다.

리스를 가능한 평탄하게 만드는 것의 효용에 대해서는 설명이 필요할 것이다. 성이든 성벽도시이든 공격하는 쪽에서는 원하는 때, 원하는 지점에 병력을 집중시켜 공격을 가할 수 있었다. 또 적을 기만하기 위해서 양동작전을 구사하는 것도 마음먹은 대로 가능했다. 그에 비해 지키는 쪽에서는 언제 어디서 적이 공격해 올지 모르기 때문에 항상 빈틈없이 병력을 배치해 둠으로써 어디에라도 지원군으로 보낼 수 있는 부대를 대기시켜 두지 않으면 안 되었다. 이런 상황에 대비해 필요할 때에 필요한 장소에 신속하게 병력을 이동시킬 수 있도록 해 두는 것이 중요했다. 그 때문에 외성벽을 따르고 있는 리스는 급사면인 채로는 곤란해, 군사들이 신속하게 이동할 수 있도록 평탄하게 만들어 두는 것이 바람직했던 것이다.

덧붙여 말하면 일본의 축성술에서 있어서도 사면의 중간을 깎아 테라스로 만들고 위에서 퍼낸 흙을 아래에 쌓는 수법이 자주 사용되었으며, 이를 키리기시(切岸)라고 부른다.

이대로 리스 산책을 계속하면 내성벽 사이를 한 바퀴 빙 돌 수 있다. 거리는 약 1.2km로 조금 많이 걸어야 하지만 도중에는 성곽애호가의 관심을 끌만한 장소가 많이 있고 사진을 찍기에 좋은 장소도 많다. 그러나 리스 일주는 뒤로 미루기로 하고 먼저 나르본 문으로 돌아가 내성벽 안에 있는 라 시테 거리를 걷도록 하자.

라 시테의 거리, 백작의 성, 그리고 내성벽의 위를 걷다

라 시테는 전역이 역사적 거리 보존 지역으로 지정되어 있어 돌을 쌓아 만든 좁은 길에 고풍스러운 집들이 늘어서 있다. 큰길과 광장에서는 그런 고풍스러운 집들이 그대로 상점과 카페테라스가 되어 북적이고 있는데 옆 마을로 들어서면 꽤 한산해져 사방 모든 것은 옛모습 그대로의 정취를 느끼게 해준다.

나르본 문을 등지고 완만한 굴곡을 그리고 있는 거리를 그대로 걸어가면 영주 카르카손 백작의 거성이었던 콩탈 성(샤또 콩탈)이 나온다. 로마시대부터의 성채의 자취 위에 카르카손 백작의 트란카벨 가문이 1130년경에 축성한 것이 기원이다. 12세기 말부터 13세기 초에 걸쳐 알비조아 십자군의 전란으로 트란카벨 가문은 축출되고 성은 1226년에 프랑스 왕가 소유로 돌아왔다. 그래도 콩탈 성이라는 이름은 변하지 않았던 것이다.

성 앞에는 해자를 갖춘 바르바칸이라는 반원형의 외곽이 있다. 일본의

성에서는 우마다시(馬出し)라고 부르는데 이 외곽에 들어가기 전에 먼저 해자의 남동쪽 구석에 있는 테라스에서 성의 전경을 살펴보도록 하자. 발바카느에서 해자를 넘어 성에 이르는 돌다리도 포함해 성의 전경이 멋지게 카메라에 잡힌다. 해자는 말라버린 빈 해자처럼 보이지만 옛날에는 더욱 깊었으며 물도 채워져 있었다고 한다. 다리는 지금은 전체가 석조로 되어 있지만 당초는 성의 탑문과 접한 부분은 목조 도개교였다. 그만큼 돌 쌓는 방식이 다르므로 금세 알

콩탈 성

오드 문 밖에서 본 풍경. 외성벽, 내성벽에 이어 한가운데에 높은 각탑이 보이고 있는 것이 콩탈 성. 석양을 받아 붉게 물들어 있을 때는 특히 더 아름답다.

수 있다. 2장에서 기술한 바와 같이 복원된 목조 널빤지 회랑(프랑스어로는 율)도, 이곳에서 잘 보인다. 성의 앞마당과 매점이 있는 방까지는 입장이 무료이나 그 앞으로는 유료인 역사박물관이 되어 있다. 그렇게 관내를 견학한 후에는 3,40명 정도의 그룹으로 나뉘어 콩탈 성의 안내인과 함께 내성벽 위를 남문(생 나제르 문) 바로 앞까지 걸어가게 된다. 도중에 서문(오드 문) 위에 있는 낙석용 난간을 통해 아래를 내려다보거나 내성벽의 탑을 몇 개씩이나 통과하고 되돌아서 콩탈 성을 또 다른 앵글로 바라보고, 라 시테의 집들의 기와지붕과 안마당의 모양새를 위에서 내려다보고, 상당히 낮아져 있는 외성벽 너머로 오드 강변의 집들과 푸른 들을 바라보는 등 발걸음을 옮길 때마다 변해가는 즐거움이 있다. 흉벽과 화살 발사 구멍 사이에서 훔쳐보면 옛사람들의 기분을 맛볼 수도 있다.

대성당을 보고 오드 문에서 언덕길 근처로

로마시대부터 동서남북 사방에 있었던 내성벽의 문은 13세기 대대적인 개축을 할 때에 동문과 서문은 확충, 강화된 반면, 남문과 북문은 역으로 축소되어 버렸다. 원래 라 시테의 지형으로는 남문과 북문의 이용도가 낮았던 데다 도시방비라는 견지에서 볼 때 문의 수는 필요 이상으로 많이 만들지 않는 편이 바람직했기 때문이다. 외성벽에는 남쪽에도 북쪽에도 문은 만들어져 있지 않고 사람 한 명이 겨우 지나갈만한 통로가 열려있을 뿐이었다.

내성벽의 북문은 중앙산지의 로데즈로 향하는 가도가 이곳에서 출발하기 때문에 로데즈 문이라고 불렸는데 지금은 그 흔적만이 남아있을 뿐이다. 남문은 잘 보존되어 있어 문 바로 저편에 생 나제르 대성당이 있기 때문에 생 나제르 문이라고 불리고 있다.

생 나제르 대성당
Cathedral
of Saint-nazaire

　이 대성당은 비교적 규모가 작은 편이기는 하지만 입구에서 복도까지는 11세기에 중후한 로마네스크 양식으로 만들어졌고, 복도에서 내실까지는 13세기에서 14세기에 걸친 화려한 고딕 양식으로 만들어졌다. 고딕 양식으로 된 부분에서는 스테인드글라스가 아름답다. 성당 내의 벽면을 따라 가면 이것저것 흥미 깊은 부조와 조각을 구경할 수 있다.

　작은 광장을 사이에 두고 대성당의 북쪽에 있는 호텔 드 라 시테는 역사적 건조물을 그대로 살린 호텔로서 유명한데 맛있는 향토요리를 먹을 수 있는 것으로도 정평이 나있다. 여름 동안 앞마당의 나무그늘 아래에 테이블을 내놓기 때문에 그곳에서 음료를 마시며 잠시 쉬어갈 수도 있다. 앞마당에서는 콩테 성과 내성벽이 바로 앞에 보인다. 이 호텔 외에도 라 시테에는 옛 건물을 그 모습 그대로 사용한 분위기 좋은 레스토랑이 여기저기 산재해 있다.

그 외 오후에서 저녁까지의 산책코스로 꼭 권하고 싶은 것이 오드 문 밖으로 언덕길을 내려가 오드 강 근처까지 걸어가는 코스이다. 문을 나서 면 바로 좁은 언덕길이 이어져 차로는 갈 수 없기 때문에 언제나 조용하 다. 이곳에서 콩테 성을 배경으로 내외성벽과 오드문을 올려다보는 것은 카르카손에서 가장 인상적인 정경이라고 할 만큼 아름답다.

언덕길을 내려간 곳에 '생 지메'라는 교회가 있다. 지금은 흔적도 없이 사라졌지만 원래는 이 교회의 뒤에 '그란도 발바카느'라는 원형의 외곽 이 있어 오드문으로 올라가는 입구의 방비를 굳게 함과 동시에 농성전에 대비한 물 저장고를 지키고 있었다. 라 시테의 안에도 크고 깊은 우물이 몇 개나 있었지만(그 중 2개는 지금도 남아있다) 그럼에도 여름 갈수기에 대 비해 절대로 물이 말라버릴 염려가 없는 이 강변의 저지대에도 커다란 우 물을 만들어 두었던 것이다. 그란도 발바카느란 외성벽과의 사이의 연결 로를 지키기 위해 급사면에 구축했던 성벽만은 지금도 남아있다.

좀 더 걸어가면 오드강에 걸려있는 퐁 비외가 나온다. 퐁 비외란 '옛 다 리'라는 의미. 13세기에 만들어진 돌다리로 울퉁불퉁한 돌들이 쌓여져 있 는 모습은 정말로 중세의 다리라는 느낌이다. 교각으로 쌓은 돌은 유선형 으로 되어 있어 큰 물이 밀려들어도 다리가 떠내려가지 않도록 한 중세인 들의 지혜가 엿보인다.

또 하나 하류 근처에 현대적인 다리가 있어 퐁 뇌프(새 다리)라고 불리 고 있다. 라 시테의 전경은 이 퐁 뇌프 위에서 바라보는 것이 가장 멋지 다. 오드강의 맑은 물, 낡아빠진 퐁 비외 돌다리, 그리고 우거진 가로수 들을 전경으로 해, 저 멀리 대지 위의 콩탈 성, 내성벽, 외성벽이 허다한

호텔 드 라 시테
hotel de la cite
역사적 건조물을 그대로 살린 호텔로 유명하다. 앞 마당에서는 콩테 성과 내 성벽이 바로 앞에 보인다.

탑들과 함께 이어지고 있는 것이다. 옛날이야기 삽화에 나오는 판화로 그려진 성벽도시 그대로의 모습이라는 느낌이 든다. 내성벽에는 29개, 외성벽에는 17개의 탑이 있다는 사실도 이곳에서 보았을 때 가장 실감할 수 있다. 이 다리 위에서 바라보는 정경 역시 카르카손에서 가장 인상적인 정경의 하나이다.

다리를 건너서 200미터 정도 가면 빌 바스 거리를 둘러싸고 있는 성벽과 해자의 흔적 위에 생긴 환상형 도로가 있고 그 앞으로 라 시테와는 전혀 딴판인 현대적인 상점가가 시작된다.

지도와 지명에서 읽을 수 있는 중세도시의 모습

성벽과 해자의 흔적, 도로의 구조, 그리고 지명에 주목

중세도시의 시가지도를 잘 보면 그 옛날에는 도시가 어떤 모습을 하고 있었는지, 현재의 도로 형태와 지명 등으로 읽을 수가 있어 아주 재미있고 구시가지를 거닐 때의 즐거움이 배가된다.

좀 익숙해지면 옛날에는 성벽으로 둘러싸여 있던 구시가지의 범위를 지도만으로 대강은 알 수 있게 된다. 성벽이 남아있는 경우는 물론이지만 그렇지 못한 경우에도 일찍이 성벽과 해자의 흔적이 환상도로가 되어있는 것이 통례이기 때문이다. 기념으로 성문만이라도 남아있거나 혹은 도로의 이름에 성벽과 해자의 흔적이 남아있는 경우라면 더욱 그러하다.

구시가지의 범위를 대강 알 수 있는 두 번째 이유는 도로의 형태이다.

옛날 중세부터 성벽으로 둘러싸여 있던 지역에서는 도로가 대체로 모두 좁고 휘어져 있으며, 구석구석 불규칙한 삼차로가 되어 있거나 뱀이 개구리를 삼킨 듯이 도중에서 부풀어져 작은 광장이 되어 있거나 한다. 옛 거리를 걷는 것이 좋은 사람은 지도 위에서 그런 지역을 찾아가 보면 기대에 어긋나는 경우는 아마 없을 것이다. 그에 대해 성벽 밖에 만들어진 신시가지에서는 일반적으로 도로는 넓고 정돈되어 있다.

한마디로 구시가지라고 해도 그 범위가 아주 알기 쉬운 경우와 알기 힘든 경우가 있는데 알기 힘든 경우라도 이처럼 성벽과 해자의 흔적 그리고 도로 형태에 주목하면서 도로를 찬찬히 보고 있으면 구시가지의 범위가 희미하게 떠오르게 된다. 진정한 구시가지 마니아가 되면 처음부터 의문의 여지가 없을 정도로 확실히 아는 경우보다 희미하게 떠오르는 편이 흥미가 더하다.

그러나 '희미하게'인 상태 그대로는 추측에서 벗어나지 못한다. 추측을 확신으로까지 바꾸어주는 것이 지명이라는 움직일 수 없는 증거와의 대조이다. 성벽과 해자의 흔적이었음을 나타내고 있는 도로 이름, 그곳에 성문이 있었던 것을 나타내는 광장 이름과 도로 이름 등이 그것이다.

또 현재 구시가지 안에 혼입되어 버린 가장 오래된 구시가지의 선, 즉 제1차 성벽의 선까지 추론해 낼 상황이 되면 지명이 결정적으로 중요한 역할을 해 준다. 이 경우에는 오히려 역으로 접근을 해서 먼저 처음에 지명으로 어림잡아 예상을 해 두고 그러고 난 다음 도로의 형상을 필적해 가면 틀림없이 제1차 성벽의 선이 보이게 된다.

다음으로 여행으로 자주 들르는 중세도시로 실례를 들어보도록 하자.

글라벤 즉 '해자' 라는 지명에 의지해

티롤 지방의 중심지 인스브루크는 구시가지의 범
위를 금세 알 수 있는 예 중의 하나. 그림과 같이 글
라벤(Graben, 해자)라는 이름이 붙은 거리가 구시가
지를 절반 정도 휘감고 있어 그곳에 성벽과 해자가
있었다는 것을 웅변하고 있다. 그 중, 강 부근이 마르
크트 글라벤(시장의 해자)라고 불리고 있는 것은 강 안
에 도시가 섰기 때문이고, 산 쪽 부분이 부르크 글라
벤(주인님 해자)이라고 불리고 있는 것은 영주의 저택
이 있었기 때문이다.

인스브루크

구시가지의 중심 프리드리
히 대공 거리. 어느 건물도
1층의 거리에 면하고 있는
부분은 일관된 주랑(柱廊)
으로 되어 있다.

이처럼 글라벤이라는 거리 이름이 소멸한 성벽의 선을 찾아내는 기준이 되는 예는 독일어권에서는 매우 흔한 일이다. 앞서 기술한 로텐부르크의 알타 슈타트 글라벤(옛 시벽의 해자)라는 거리 이름도 그러하다.

하이델베르크는 성하촌에서 생겨난 중세도시, 대학 도시로서 또 성산(城山)과 네커 강과의 사이에 구시가지가 흥미로운 형태로 남아있는 것으로 유명하다. 그 구시가지의 한가운데(대학본부의 옆) 글라벤 갓세라는 거리가 있다. 이것은 제1차 성벽과 해자의 선을 나타내고 있으며, 당초 하이델베르크의 마을이 성의 바로 아래에서 이곳까지 밖에 되지 않는 아주 작은 마을이기 때문에 글라벤 갓세라는 거리 이름으로 남아있는

하이델베르크
시가지의 아름다운 정경

유럽에 빠지는 즐거운 유혹③

것이다.

프랑크푸르트 또한 지명을 보는 것만으로 구시가지의 범위를 금세 알 수 있다. 대포의 발달에 따라 중세풍의 성벽이 무력하게 되어갈 무렵 프랑크푸르트에서는 성벽에 별 모양의 요철이 있는 보루를 추가해 대포의 시대에 적응하려 했다. 석판화로 되어있는 옛 회화를 보면 그 장대한 형상을 잘 알 수 있다. 그러나 1806년 나폴레옹의 지시로 장대한 보루가 부착된 성벽은 철거되고 별 모양의 요철이 있는 헌 터는 그 모습 그대로 넓은 공원이 붙은 환상도로로 만들어졌다. 그런 이유로 성벽의 흔적은 극히 분명하게 남아있어 구시가지의 범위는 지도를 보면 누구라도 확실히 알 수 있다. 그런데 성벽의 흔적은 그 시가지 안에 매몰되어 중세도시 프랑크푸르트의 가장 오랜 구역이 감춰져 있다.

괴테는 자서전《시와 진실》에 아래와 같이 적고 있다.

'소년 시절 괴테는 자신의 집 앞 거리가 어째서 힐슈 글라벤 즉 '사슴의 해자'라고 불리는지 궁금해 견딜 수가 없었다. 그곳에는 사슴도 없으려니와 해자도 없었기 때문이다. 그래서 옛날에는 그 거리에 빈 해자가 있고 안에서 사슴을 키우고 있었다는 설명을 아버지로부터 듣고나서야 궁금함이 풀렸다.'

이 '사슴의 해자' 거리가 우리들 탐구의 출발점이다.

덧붙여 말하면 중세도시에서는 앞서 기술한 바와 같이 시장과 시참사들은 모두 무급의 명예직으로 일년에 몇 번인가 시의 비용으로 회식을 즐기는 것만이 유일한 보수였다. 많은 도시에서는 빈 해자를 이용해 사슴을 키워 위와 같은 높은 양반들을 위한 회식의 재료로 삼았다. 그래서 일반

적으로 이와 같은 해자를 '사슴의 해자'라고 불렀던
것이다. 프랑스의 중세도시 앙제에서는 지금도 빈 해
자 안에서 사슴을 기르고 있다.

　프랑크푸르트의 '사슴의 해자' 거리로 돌아가도록
하자. 지도를 보면서 '사슴의 해자' 거리를 시계 방
향으로 더듬어 가다 보면 반원형을 그리며 커브를 틀
어 작은 광장을 끼고 홀츠 글라벤(나무의 해자)이라는
이름의 거리로 이어진다. 지금까지는 거리의 이름도
그렇고 형상도 그렇고 성벽과 해자의 흔적이라는 것
은 충분히 추측이 된다. 그 앞은 라이넥이라는 거리
로 적어도 이름은 성벽이나 해자와는 관계가 없어 보

인다.

　그런데 다음에 결정타가 등장한다. 베넬 거리, 별
명 암 슈타트마우어(시벽 따라)라는 거리가 나타나는
데 그곳에 12세기 슈타우펜 왕조 시대의 성벽이 엄
연히 남아있는 것이다. 역사 마니아로서는 '오오 이
얼마나 감격스러운가' 라고 말하고 싶을 정도. 이 성
벽에 대한 이야기는 가이드 북에 전혀 나오지 않지
만 프랑크푸르트 시 관광국 발행 지도에는 실려있
다. 베르네 거리, 별명 암 슈타트마이어 거리는 그다
지 눈에 띄지 않는 막다른 골목이다. 이곳까지 탐구
해 왔듯이 반원형을 그리며 커브를 틀고 있는 듯한
성벽 흔적의 선을 그 방향으로 더듬어 가면 자연스

프랑크푸르트 광장

레 이 막다른 골목으로 들어와 눈 앞에 성벽 그 자체가 나타나게 되는 것이다. 이 근처의 성벽은 후세에 건물의 일부가 되었기 때문에 지금까지 남아있는 것이다.

이상과 같이 성벽 흔적의 선은 마인강에 가까운 서쪽자락 및 동쪽자락 모두 후세의 도로 가설에 의해 소멸되었다. 그래도 구시가지의 가장 오래된 구역이 어디인지 알게 된 셈이나 유감스럽게도 그 다운 모습은 전혀 남아있지 않다. 제2차 대전 중에 크게 폭격 당해 고풍스러운 목재 골조였던 대부분의 건물들이 모두 괴멸되어 버렸기 때문이다. 전쟁 전에는 얼마나 아름다운 풍경을 보여주고 있었는지, 그리고 폭격 후의 참상은 어떠했는지에 대해서는 역사박물관이 있는 구시가지의 훌륭한 모형을 보면 잘 알 수 있다.

이 역사박물관 건물은 잘호프라고 불리는 슈타우펜 왕조 시대의 왕궁이었는데, 관내에 그 시대의 예배당 등이 있고 또 지하에서는 로마시대와 중세건조물의 유

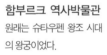

함부르크 역사박물관
원래는 슈타우펜 왕조 시대의 왕궁이었다.

유럽에 빠지는 즐거운 유혹 ③

구가 다양하게 발굴되어 원래 위치에 보존되어 있다.

성벽은 왜 헐렸는가

중세도시의 성벽은 4장에서 말한 것처럼 대포의 발달에 의해 군사적인 의의를 잃고 난 후에도 여전히 도시의 상징으로서 보전되어 왔다. 그러던 것이 19세기 들어 속속 헐려버리게 된다.

그 시대에는 어느 도시에서도 많건 적건 산업혁명의 진전으로 사람을 태운 마차와 화물을 실은 마차가 급증해 중세 이래의 좁은 도로로는 교통량을 감당하지 못하게 되었다. 이로 인해 눈에 가시처럼 취급된 것이 성벽이었다. 성벽으로 둘러싸여 있으면 소수의 한정된 장소에 있는 성문을 통과하지 않고서는 그 도시에 출입을 할 수 없다. 게다가 그 성문은 굉장히 폭이 좁았으므로, 성문 안팎에서 다수의 마차가 밀려들어 뒤엉켜 버리는 상황은 충분히 상상이 가능했다.

그래서 성벽 따위는 시대착오적인 무용지물이라는 의견이 팽배해 각지에서 경쟁이라도 하듯 성벽을 헐기 시작했다. 성벽과 해자의 빈터를 합쳐 폭이 넓은 환상도로로 만드는 것이 유럽 안에서 유행했다. 그렇게 하지 않는 도시는 시대에 뒤떨어진 도시다, 라는 듯한 풍조였다. 지금 생각해 보면 마차의 흐름을 원활하게 하기 위해서라면 성벽의 일부를 철거하는 것으로도 충분했을 것이지만 당시는 성벽 그 자체가 적대시된 것이었다.

이미 되돌릴 수 없는 일이지만 수많은 훌륭한 성벽, 중세사의 산 증인이라고도 부를만한 문화재가 이런 이유로 해서 사라져버린 것이었다.

성벽 그 자체와 성문의 이름을 의지해

해자가 아니라 성벽 그 자체의 이름이 거리의 이름이 되어있는 예도 물

런던 월

London wall

런던 시내 한쪽판에는 로마 시대부터 성벽이 늘어서 있어 지금도 성벽과 성문의 유구가 여기저기 흩어져 있다.

론 있다.

런던에서는 중세 이래의 가장 오래된 시역은 시티라고 불려 그것만으로도 별개의 특별시가 되어 세계금융의 중심지로서 이름이 높다. 그 시티에 런던 월 이라는 긴 거리가 있는데 '월(Wall)' 이란 지명이 말해주듯 이 거리는 로마시대부터 성벽이 늘어서 있어 지금도 성벽과 성문의 유구가 여기저기 흩어져 있다. 런던 월이라는 거리는 도중에 사라져 버리지만 반원형을 그리듯이 그 선을 연장해 가면 런던 탑 부근에서 템즈 강에 이른다. 지하철의 타워 힐 역에서 런던 탑 쪽으로 나오는 곳에는 로마시대의 성벽이 있고 중세 성문의 기부도 남아있다. 민족대이동의 혼란으로 일단 황폐화 되어버린 후 다시 런던에 정착한 사람들은 절반 가까이 붕괴되어 있던 로마시대의 성벽을 재이용한 것이었다.

함부르크에서는 엘베 강을 등지고 반원형의 성벽이 구시가지를 감싸고 있으며 성벽 각 부분에는 각각 고유한 이름이 붙어 있었다. 그것이 현재에는 성벽의 흔적에 만들어진 반환상도로의 각 부분의 이름이 되어 있다. 함부르크와 같은 커다란 중세도시에서는 성벽 각 부분에 고유의 이름을 붙여두면 아무래도 편리했음에 틀림없다.

예를 들면 적에게 공격 당했을 때, '성벽의 동쪽이 위험하다, 지원하라'라는 식으로 막연하게 말하는 것보다는 '슈타인토어 성벽이 위험하다, 그쪽으로 가라' 라고 말하는 편이 정확했을 것이다.

'슈타인토어'란 '돌의 문' 이라는 의미. 이 문 좌우에 연결된 성벽을 슈타인토어 바르(슈타인토어 성벽)라고 불렀

다. 북독일은 석재가 부족했기 때문에 성벽도 성문도 모두 벽돌로 만들어져 있었다. 그런데 이곳은 육지에서 함부르크로 들어갈 경우 관문에 해당되었기 때문에 이 문만은 특별히 분발해 석조로 지어져 있다. 그래서 '돌의 문'이라는 이름이 생겨난 것이다. 현재 이곳은 중앙역 앞으로 이 도시에서 제일가는 번화가 멘케베르크 대로가 시청 앞의 마르크트 광장까지 이어지고 있다.

슈타인토어 성벽의 남쪽으로 이어지는 부분이 클로스터 바르 (Kloster-Wall, 수도원의 성벽)라고 불린 것은 근처에 수도원이 있었기 때문. 마찬가지로 북쪽으로 이어지는 부분이 글로켄기저 바르 (Glokengiesser-Wall, 종탑의 성벽)라고 불린 것은 종 따위를 주조하는 직공들이 공방이 이 근처에 밀집해 있었기 때문. 이와 같이 성벽의 이름이 그대로 도로의 이름이 되어 남아있는 것이다.

이상 기술한 바와 같은 예는 이외에도 많이 있다.

프랑스어권의 중세도시로 불바르(Boulevard)라고 이름 붙은 거리가 있다면 그것은 성벽 터에 생긴 환상도로의 일부라고 생각하면 틀림없을 것이다. '불바르'란 말 그대로 성벽이라는 의미다.

성문을 가리켜 독일어로는 토르(Tor), 프랑스어로는 포르트(porte), 이탈리아어로는 포르타(porta), 스페인어로는 페르타(puerta)라고 하는데, 이 역시 매우 많은 광장과 거리의 이름에 섞여있다. 성문은 헐려 흔적조차 없어졌어도 그 앞에 있는 광장과 그 문에서 도심을 향하는 거리의 이름의 일부로 남아 있는 것이다.

이처럼 성문의 흔적을 간직하고 있는 지명은 종종 지하철, 노선전차, 노선버스 등의 중요한 역 이름이 되어 있다. 또 주요 가도의 출입구로서 차를 운전하는 사람의 목표가 되어 있는 경우가 많다. 그도 그럴 것이 중

유럽에 빠지는 즐거운 유혹 ③

세도시에서는 현대의 가도가 고래의 가도를 계승한 것이 보통으로 성문이 있던 지점이라는 것은 두말 할 것도 없이 고래의 가도 출입구였던 셈이기 때문이다. 에도 시가지에서는 오오키도(성문, 관문의 의미)가 있던 지점이 이와 비슷하다.

예를 한 가지 들어보자. 파리의 구시가지를 감싸고 도는 환상형도로는 외성벽의 외주에 생긴 것. 이 성벽은 방위용이라기 보다 오히려 파리에 반입되는 상품에 대해 입시세(入市稅)를 거두는 용도로 사용되었는데 각 가도의 출입구에 성문이 있었다는 점에서는 마찬가지이다. 이 고속도로를 차로 지나면 폴트 XX, 즉 XX문이라는 지명표시가 부단히 나타난다는 것을 눈치채게 된다. 이 고속도로에서는 모든 인터체인지가 폴트 XX라는 이름인 것이다. 예를 들면 폴트 드룰레앙(Porte d'Orleans)이라면 그것은 오를레앙과 통하는 로마시대 이래의 유명한 가도의 출입구이다.

우아한 성관과
의고성(擬古城)이
생겨나기까지

대포의 발달에 적응한 근세 성벽과 주거를 위한 아름다운 성관

중세풍의 도시성벽과 성채는
시대에 뒤떨어진 존재로

대포가 새로운 시대의 시작을 알리다

고대에서 중세말기까지 성을 공격하는 기술에는 그다지 변화가 없어 상황에 대응해 공성노, 파성퇴, 투석기, 공성사다리, 갱도를 이용한 성벽 무너뜨리기, 병량 습격 등이 사용되어 왔다. 그 때문에 축성기술 면에 있어서도 그다지 큰 변화는 없었다. 그런데 14세기 중엽부터 대포가 공성용으로 사용되면서부터 정세는 크게 변화하기 시작했다.

초기의 대포는 단철제로 명중도가 낮고 게다가 망가지기 쉬워 몹시 다루기 힘든 물건이었다. 단 한발을 발사하는 것만으로도 포신이 변형되고 균열이 생기는 등 위험해서 사용할 수 없게 되어 다시 단조하지 않으면 안 되었다. 포탄은 처음에는 원형의 석제탄뿐이었으나 나중에 구형의 철탄도 사용할 수 있게 되었다. 유럽의 고성에서는 자주 이런 구형의 석탄과 철탄을 안뜰 등에 쌓아두고 있다. 이런 종류의 포탄은 작렬하는 것이 아니라 오로지 성벽과 성문에 충돌시켜 파괴하기 위해 사용되었다. 그럼에도 투석기에 비하면 월등한 위력이 있었던 모양으로 1339년부터 1453년까지 이어진 백년전쟁의 말기에는 프랑스군도 영국군도 성벽도시 공성전에 대포를 사용하게 되었다.

당시의 대포는 매우 무겁고 포차는 아직 발명되지 않았기 때문에 포신만을 별도로 분리해 마차와 우마차로 날라 현지에 도착한 후 목조의 견고한 틀에 포신을 얹고 발사했다. 초석, 유황, 목탄을 분말로 만들어 혼합한 흑색화약을 사용했는데 화약의 성능은 좋지 않아 포탄을 유효하게 날릴 수 있는 거리는 100미터 이내 정도였다. 그럼에도 해자를 넘어 성벽과 성문을 노리기에는 부족함이 없었다.

이 후 대포의 공격에 견딜 수 있도록 성벽을 강화하는 방안과 대포의 성능향상 사이에 줄다리기와 같은 경쟁이 이어지게 된다. 결과는 대포의 승리로 끝나 중세풍의 성벽은 완전히 무력하다는 것이 분명해지면서 16세기 말경에는 군사적인 의의를 잃어버리고 만다.

먼저 15세기 말부터 주조에 의한 청동제 대포가 주력시 되고 또 화약이 개량되어 대포의 성능이 급격히 향상되었다. 포신 내부의 형태가 갖춰져 명중도가 좋아지고 사거리가 늘어났으며 또 쉽게 부서지지 않게 되었다. 단조의 경우에는 이곳 저곳의 직공들에게 주문을 해 제작했으나 당시의 기술로는 직공이 다르면 완성된 물건의 사이즈에서도 차이가 발생해 포탄 등도 하나하나 규격에 맞춘 것을 사용하지 않으면 안 되도록 제약이 따랐다. 그러다가 주조에 의해 동일한 규격의 포신을 대량으로 생산하게 된 것은 획기적인 사건이었다.

그 후로도 대포의 진보는 눈부셔, 제조법, 조작법, 사정거리, 명중도 등이 지속적으로 향상되었다. 포탄이 작렬하도록 만드는 원리는 이미 15세기 후반에 시작되어 현대의 포탄과 마찬가지로 안에다 작약을 집어넣는 어려운 기술도 17세기 말에 드디어 완성되기에 이른다. 단순한 쇳덩어리가 아니라 작렬하도록 만들어진 포탄은 여러 방면에 걸쳐 전술의 개념을 바꿔버리는 계기가 되었다.

도시성벽은 본래의 의의를 상실하고 단순한 장식품으로

대포의 등장에 의해 일어난 축성법의 변모를 좀 더 자세히 살펴보자.

중세의 성벽은, 아랫부분은 파성퇴의 공격에 견딜 수 있도록 매우 두껍게 되어 있었지만 윗부분은 비교적 얇았다. 투석기와 궁시만이 원거리 무기였던 시대에는 그것으로 충분했지만 대포의 발달에 따라 그것으로는 부족하게 되어 성벽전체를 두껍게 만들게 되었다. 방위상의 급소인 성문 양 옆에 반원형의 중후한 보루를 덧댄 8자형의 보루가 그 일종이다. 수비측에서도 역시 대포를 사용할 수 있도록 하기 위해서는 지금까지와는 다른 폭을 가진 성벽과 보루를 설치할 필요가 있었다. 중세풍의 성벽 그 상태로는 그 위에 대포를 설치해 조작하는 것은 무리였다. 성벽의 폭이 좁고 발사의 충격으로 대포가 뒤로 밀려 떨어질 위험이 있었던 데다가 또 당시의 대포는 화약과 포탄을 담는 작업을 위해서도 넓은 공간이 필요했기 때문이다.

또 하나의 문제는 성벽과 성문 위에 높이 솟아있는 탑이었다. 중세풍의 높은 탑은 포격에 대해 지극히 취약해 무참하게 무너져내려 적으로 하여금 쾌재를 부르게 만들고 아군의 사기를 저하시킬 뿐이었다. 시대와 함께 대포의 사정거리가 늘어나자 높은 탑은 적이 거리를 측정하기 위한 절호의 목표로 삼게 되었기 때문에 오로지 군사적 목적만을 위한 성채에서는 탑이 완전히 폐기되어 버렸다. 대포의 시대에 적응할 수 있도록 궁리된 17세기 이후의 성채를 근세성채, 또는 근세요새라고 하는데 이 모습은 어떻게 보아도 그림의 소재로 적합하지 않고 사진으로 찍어놓아도 별로이다. 이유는 몇 가지가 있지만 높은 탑이 사라져버린 것도 그 이유 중 하나이다.

샤토 디프 성
Chateau d If
마르세이유 해안에 있는 바위섬의 요새 샤토 디프는, 정치범 등의 감옥으로 사용되었다. 뒤마의 명작 《몽테크리스토 백작》의 무대로 유명하다.

도시성벽의 경우에는 사정은 그렇게 간단하지 않았다. 원래 도시성벽에는 두 가지 역할이 있어, 주된 역할은 물론 도시의 방위였으나 그 외에도 도시의 위세를 과시하는 역할도 있었다. 그런데 17세기경을 경계로 대포를 필두로 한 군사기술이 크게 발전한 결과, 직업 군대를 상대로 도시가 시민병과 성벽을 의지해 스스로를 방어하는 것은 불가능해졌다. 그래서 많은 도시에서는 자위를 포기해 중세풍의 높은 탑이 붙어있는 훌륭한 성벽은 더 이상 군사적으로는 시대에 뒤떨어진 존재임을 알면서도 그대로 남겨두어 그 도시의 빛나는 내력을 과시하기 위한 목적만으로 존재하게 되었다. 도시성벽은 일종의 장식처럼 변해 지위의 상징으로서 살아남게 되었다.

전략상 요새인지의 여부에 따라 운명이 갈린 성벽

다음은 순수한 성채의 경우이다. 중세풍의 구조로는 더 이상 군사적으로는 도움이 되지 않음이 명백해 졌을 때, 대다수의 성채는 나중에 기술하겠지만 왕후귀족의 우아한 생활을 위한 성관으로 개장되었다. 그 외 중세풍의 구조 그대로 정치범 등의 감옥으로 전용되어 금세기 초까지 사용된 경우도 있다. 뒤마의 명작 《몽테크리스토 백작》의 무대가 된 바위섬의 성채 샤토 디프(Chateau d If)는 그 한 예로, 지금까지도 마르세이유의 해안에 고풍스러운 자태로 서 있다.

중세부터의 성채 대다수가 군사적인 의의를 상실함으로써 대포의 발달 외에 전략상의 요지라는 것도 완전히 변해버린 점을 들 수 있다. 그 증거로 대부분의 근세성채는 새로운 입지를 골라 건축되었다. 이 사실을 거꾸로 생각하면 중세로부터의 성채라도 변함없이 전략상의 요지로 남아있던 곳에는 그 위치 그대로 대대적인 개조가 실시되어 새로운 시대의 요청에

도버 성
dover castle
힐 포트의 일부로 여겨지는
토루와 로마시대의 등대 위
에 세워진 육각형 탑(우측)이
있고, 그 반대편에는 중세
성채의 거대한 킵이 있다.

부응하는 근세성채로 다시 태어났던 것이다. 그 수는
그다지 많지 않으나, 영국의 도버 성 등은 매우 좋은
예이다. 대륙으로부터의 침공에 대비해 이곳은 영국
을 지키기 위한 절대적인 요지였다.

　이 성은 도버해협과 항구가 내려다보는 언덕 위에

위치하고 그 중심에는 켈트시대의 힐 포트의 일부로 여겨지는 높은 토루와 로마시대의 등대 위에 건축된 육각형의 탑 등이 있어 이 성이 거쳐온 긴 역사를 웅변하고 있다. 이어서 내외이중의 성벽과 거대한 킵을 갖춘 중세성채가 있고 그 외곽에는 다시 별 모양의 보루를 가진 근세성채가 추가되었다. 중세성채 부분도 옛날 그대로가 아닌 각지에 높이 솟아있었을 탑은 철거되고, 성벽은 폭이 깊어지고, 흉벽도 철거되어, 대포를 활용할 수 있도록 개조되어 있다. 또 빈 해자에 들어온 적을 옆에서 공격하기 위한 카포니엘(반지하식 포대)을 설치한 것은 근세축성기술의 하나인데, 도버성에도 그것이 추가되어 있다.

이렇게 해 도버성은 제2차 세계대전 때까지 영국을 지키는 중요거점으로 사용되어 왔다. 도버는 철도로 가기에 매우 편리하고 또 도중에는 고도 켄터베리라는 훌륭한 볼거리가 있기 때문에 런던에서 하루 코스로 방문하는 사람들이 많다.

유럽에 빠지는 즐거운 유혹③

르와르 지방에서 볼 수 있는
우아한 성관의 면면

싸움을 위한 성벽에서 주거를 위한 성벽으로

프랑스의 르와르 강 유역의 중간 부근은 일본에서는 르와르 지방이라는 통칭으로 알려져, 많은 성이 있는 것으로 유명하다. 그리고 파리에서 남쪽으로 고속도로로 100km 남짓한 좋은 위치에 있기 때문에 당일치기나 1~2박의 여행으로 성 순례를 즐기는 사람이 매우 많다.

10세기경부터 이 지방에서는 동쪽에 프로와 백작 가문, 서쪽에 앙쥬 백작 가문이라는 유력한 제후가 대두해 치열한 세력 다툼이 벌어지게 되었다. 이 지방에 남아있는 많은 성들 중 가장 오래된 부류에 들어가는 것은 양 가문의 세력이 첨예하게 격돌하던 지역에 점점이 구축된 성들이다. 이들 성은 15세기경을 경계로 해 거의 대부분 프랑스 왕가의 소유로 돌아갔다. 그렇게 해서 중세풍의 성이 군사적인 의의를 잃어감과 동시에 속속 우아한 성관으로 개장되었다. 그 외 프랑스 국왕과 귀족들에 의해 전혀 새롭게 만들어진 성관도 많았다.

전쟁에 대비하기 위한 역할을 끝낸 성이 왕후귀족의 쾌적하고 우아한 생활을 위해 성관으로 변모되어 가는데 있어서 두 가지 패턴이 있었다. 그 첫째는 중세 이래의 성채를 부분적으로 개축해 성관으로서 사용하게 만든 것. 처음 한동안은 이것이 일반적인 방식이었다. 르와르 지방에서는 앙보와즈 성, 프로와 성, 랑제 성, 소뮐 성 등, 그 예는 많다. 그 둘째는 중세 이래의 성채와 수렵관 등을 거의 완전히 헐고 그 터를 이용해 자유로운 설계에 의해 성관을 신축한

아제르리도 성
Azay-le-Rideau
프랑수아 1세 때의 타락한 재무관의 부인인 필리파레 바이에의해 16세기 초에 건축된 루아르의성 중 하나이다. 전체적으로는 고딕양식을 취하고 있지만 비교적 단순한 형태이다.

유럽에 빠지는 즐거운 유혹 ③

것. 시대의 흐름과 함께 이 편이 주로가 되어갔다. 르와르 지방에서는 샹보르 성, 슈논소 성, 아제 르 리드 성 등이 좋은 예이다.

아무것도 없던 빈터에 성관을 신축한 예가 적은 것은 다음과 같은 이유 때문이다. 제일 먼저 전통과 권위를 무엇보다 중시한 왕후귀족들은 원래 아무것도 없던 장소가 아니고 먼 옛날부터 성채나 수렵관이 있었던 장소를 매우 선호했다. 둘째로 그 편이 잘 정리된 토지를 획득하는 데 편리했다. 셋째로 어쩌면 이것이 가장 큰 이유였는지도 모르지만 옛날부터 성채와 수렵관이 있던 장소라면 반드시 가까운 곳에 사냥이 가능한 숲이 있었기 때문이다. 사냥은 왕후귀족의 최고의 오락거리로 손님을 맞을 때에도 자신의 사냥용 숲으로 데려가 사냥대회를 개최하고 그날의 사냥감으로 접대를 하는 것이 최고의 손님맞이로 여겨졌다. 20세기인 오늘날에도 역시 귀한 손님을 접대하는 데는 지베(수렵조수) 요리가 최고라고 여겨지고 있는 것도 이러한 전통이 살아있기 때문이다. 어쨌든 성관의 가까이에 자신 소유의 수렵용 숲을 가지고 있는 것은 왕후귀족에게 있어서는 커다란 오락거리임과 동시에 최고의 지위의 상징이기도 했다.

성채에서 성관으로의 변모를 잘 보여주는 블로와 성

중세 이래의 성채를 손봐서 성관으로 만든 예로서 먼저 블로와 성을 살펴보자. 이 성은 블로와 백작가문의 발상지인데 이 가문이 단절된 후인 1392년에 국왕 샤를르 6세의 동생 루이가 일으킨 오를레앙 가문의 손으로 옮겨갔다. 루이의 자손으로 이름도 똑같은 루이의 대에 이르러 국왕 샤를르 8세가 앙보와즈 성에서 실수로 돌에 머리를 부딪혀 사망하고 후사가 없었기 때문에 이 아이에게 왕위가 굴러들어왔다. 바로 루이 12세였다. 그 부분은 도쿠가와 쇼군과 고산케[御三家]의 관계와 비슷하다.

블로와 성

blois castle

중세 이래의 선채의 대다
수가 그렇듯이 블로와 성
도 대지의 돌출부를 이용
해 지어졌다. 이런 경우 지
면과 이어지는 쪽을 외곽
과 중곽으로 하고 돌출부
에 내곽으로 하는 것이 정
석인데 블로와 성에서는
거꾸로 되어 있다.

루이12세도 남자아이가 생기지 않았기 때문에 조카를 자신의 딸과 결혼시켜 후계자로 삼았다. 이것이 프랑수와 1세이다. 블로와 성에는 13세기에 블로와 백작가문이 만든 성채가 그대로 남아있는 부분과 15세기 이후의 사람들이 개장해 성관으로 만든 부분이 섞여있다.

르와르 지방에 있는 중세 이래의 성채의 대다수가 그렇듯이 블로와 성도 대지의 돌출부를 이용해 지어졌다. 이런 경우 지면과 이어지는 쪽을 외곽과 중곽으로 하고 돌출부에 내곽으로 하는 것이 정석인데 블로와 성에서는 거꾸로 되어 있다. 아마도 지형 탓일 것이다. 지면과 이어지는 쪽이 깊고 넓은 빈 해자로 구분되어 내곽이 되고 돌출부 쪽이 이단구조로 외곽과 중곽이 되어 있다.

현재 블로와 성을 방문하는 사람은 올려다 봐야 될

정도로 높은 내곽을 오른쪽에 두고 언덕길을 올라 외곽을 넘어 중곽에 이른다. 15세기 이후의 개축으로 성관이 된 부분은 모두 내곽에 있다. 그곳에 들어가기 전에 먼저 중곽의 동쪽자락까지 나가보자.

관광버스가 주차되어 있는 곳을 거치면 테라스 형태의 작은 공원이 있고 눈 아래로 외곽과 구시가지의 집들, 그리고 르와르의 흐름과 고풍스러운 가브리엘 다리가 눈에 들어온다. 이곳에 서 보면 처음으로 블로와 성이 대지의 돌출부에 세워진 성이라는 실감이 난다. 외곽을 지나면 구시가지로 내려가는 돌계단이 이어져 있는데 외곽의 일부에는 지금은 인가가 들어섰고 나머지는 작은 공원이 되어 있다.

그럼 중곽의 서쪽으로 돌아와 성관의 안으로 들어가 보도록 하자. 일찍이 이곳에 빈 해자가 있고 도개교가 걸려 있었지만 지금은 흔적도 없다. 빈 해자를 대신해 내곽과 중곽의 사이를 구분하고 있는 것이 루이2세 동(棟)이라고 불리는 성관 건물이다. 고딕에서 르네상스로 옮겨가는 과도기 양식으로 1503년에 완성을 보았다. 돌과 벽돌을 적절하게 혼용해 창문 부근의 형태와 어울려 아름다운 장식효과를 연출하고 있다. 정면 외벽에는 루이 12세의 기마상이 붙어 있다.

이 건물을 빠져나가 내곽의 안뜰로 들어가면 그림과 같이 다양한 시대의 건물이 주위를 감싸고 있다. 북동쪽 구석에 있는 대 연회장 루이 데 제타는 로마네스크 양식으로는 가장 오래된 것으로 13세기, 이곳이 아직 블로와 백작의 성채였던 시대에 생긴 것이다. 안뜰에서 남쪽으로 높은 누벽 위의 테라스로 나가면 역시 13세기에 생긴 포와 탑이 있다. 이 부근은 중세성채의 잔영이 가장 진하게 남아있는 곳이다. 아찔할 정도의 누벽 높이에서도 이전 성채의 견고함이 엿보인다.

다시 안뜰로 돌아와 주위 건물을 살펴보자. 남쪽에 있는 샤를 도를레앙의 주랑은 15세기 말에, 그 뒤에 있는 생 칼레 예배당은 16세기 초에 생겼다. 어느 쪽도 고딕에서 르네상스로 넘어가는 과도기 양식이다. 북쪽에 있는 프랑수와 1세 동은 가장 호화롭게 지어졌는데 르네상스 양식에 의해 1534년에 완성되었다. 정면으로 튀어나온 커다란 나선형의 바깥 계단은 르네상스 건축의 걸작 중 하나로 이름 높다. 안뜰에서 어떤 이벤트가 있을 때에는 궁정의 귀부인들이 한껏 차려 입고 바깥 계단에서 구경을 했다. 프랑수와 1세 동 내부에는 일찍이 이곳이 성채였음을 말해주는 견고한 석벽과 '오른쪽으로 휘어지며 올라가는 좁은 나선 계단'이 남아있다.

제일 새것인 안뜰 서쪽의 가스통 드레앙 동은 클래식 양식으로 17세기에 완성됐다. 이상과 같은 건물들이 모여 성관을 구성하고 있다.

블로와 성에서는 여러 역사적 사건들이 일어났다. 오를레앙 가문의 2대 계승자 샤를르는 백년전쟁 때 프랑스군 총대장에 임명되어 아쟁쿠르 전투에서 대패하고 영국에 25년간이나 붙잡혀 있었는데 그 동안 시작(詩作)에 전념해 이윽고 당대굴지의 시인으로 칭송되기에 이르렀다. 겨우 블로와 성으로 돌아온 후, 겨우 14살이었던 공주 마리 드 클레브와 결혼했는데 그 자신은 이미 50살이었다. 그렇게 해서 71세가 되었을 때 얻은 늦둥이가 앞서 기술한 바와 같이 국왕 루이 12세가 되었다.

1429년, 쟌 다르크는 이 성에서 세력을 규합해서 오를레앙에 출진해 서전을 장식하고 백년전쟁을 프랑스의 승리로 이끄는 계기를 만들었다.

1588년, 신교파와 구교파의 싸움이 격렬해졌을 때, 앙리 3세는 자신을 폐위시킬 음모를 꾸민 구교파의 거두 기즈 공을, 이 성에서 자신의 침실로 유인해 찔러 죽였다.

1619년, 루이 13세의 어머니 마리 드 메디시스는 아들과 다툼을 벌여 이 성의 최상층에 감금되었는데 옷에 숨겨들어온 밧줄 사다리를 사용해

루이 12세 동

돌과 벽돌을 적절히 혼용
해 창문 부근의 형태와 어
울려 아름다운 장식효과
를 거두고 있다. 정면에
루이 12세의 기마상이 보
인다.

나선형 계단

블로와 성의 프랑수아 1세
동은 정면으로 튀어나온
커다란 나선형의 바깥 계
단은 르네상스 건축의 걸
작 중 하나로 이름 높다.

어둠을 틈타 창문에서 빈 해자까지 내려갔다. 그리고 말을 준비해두고 대기하고 있던 조력자들의 도움을 받아 탈출에 성공. 2년만에 자유의 몸이 되었다. 미식과 운동부족으로 살이 찐 그녀가 밧줄 사다리에서 떨어지지 않는 것은 기적이라고 전해졌다. 창문에서 빈 해자 바닥까지는 수십 미터는 되었을 터이다(현재는 절반이 매몰되어 도로가 되어 있다). 캄캄해서 아래가 보이지 않았기 때문에 오히려 다리를 헛디딜 일도 없었던 듯 하다.

성관을 나서서 바로 오른쪽으로 돌계단을 내려가 내곽의 빈 해자 터를 걸어보면 마리 드 메디시스의 결사적 탈출 모습이 상상된다.

나선계단의 구조

석조 나선계단은 성채뿐만 아니라 대성당 등에서도 볼 수 있다. 석조건축에 계단을 만들어 붙이는 경우, 나선계단은 가장 공간을 덜 차지하고 구조적으로도 강하다. 그래서 대성당의 돌로 쌓은 벽체 안에 좁은 나선계단을 만드는 것은 매우 합리적이었다.

나선계단은 부채를 1/3 정도 펼친 것 같은 형태의 석재를 쌓아올려 만든다. 부채살에 해당되는 부분은 직경을 동일하게 한 원반형태가 되어 있고 상하로 장부를 설치했다. 이 부분을 중심으로 해 장부를 맞추면서 쌓아 올린다. 동시에 나선계단이 들어갈 원통형의 벽체도 쌓아 올려 부채의 끝단에 해당되는 부분은 이 벽체 안으로 들어가버린다. 그 때문에 구조적으로도 매우 안정되어 있다. 전부 쌓아올리면 부채살에 해당되는 부분은 위로부터 아래까지 일관된 원주형과 같이 된다.

중세의 석조건축은 대체로 모두 그러했지만, 조악하게 처리된 석재를 쌓아올려 먼저 전체의 형태를 만들고나서 다시 한번 마무리 작업을 실시해, 석재의 표면을 다듬거나 부조를 새겨넣었다. 이 작업은 가장 위에서

　　　　　　　　　　유럽에 빠지는 즐거운 유혹③

부터 시작해 아래로 아래로 진행해 나갔다. 어떤 사정으로 마무리 작업이 중단되어 그대로 수백 년의 세월이 흘러 위쪽에는 부조 등이 보이는데 비해 아래쪽은 조잡한 석재 그대로인 건축물을 보게 되는 경우가 있다.

나선계단도 그러한 마무리 작업이 실시되어, 그것이 끝나면 중심부분은 손에 닿는 느낌까지 매끄러운 진정한 원주가 되었다.

너무도 장대해서 사용하기 힘들었던 샹보르 성

다음은 샹보르 성이다. 나중에 기술할 슈논소 성과 함께 르와르 지방에 다수 존재하는 성관 중에서는 우리나라에도 가장 잘 알려져 방문하는 사람이 많다.

원래 이곳에는 블로와 백작가문의 수렵관이 있었다. 블로와 백작가문이 단절된 후에는 오를레앙 가문의 소유가 되나, 1519년에 프랑수와 1세가 그것을 헐어버리고 장대한 성관을 신축하기 위한 용지로 사용했다. 정원과 주위의 수렵용 숲을 포함한 부지의 넓이는 55km²나 된다. 이것은 동경 야마노테선의 내측과 거의 비슷한데, 길이 32km의 해자에 둘러싸여 6개의 문이 설치되어 있다. 어느 문으로 들어가도 울창한 숲 사이로 나 있는 길을 걷다보면 돌연 장대한 성관이 모습을 드러내게 되는 구조이다.

프랑수와 1세는 숙적 합스부르크 가문의 칼 5세를 상대로 몇 번이나 전쟁을 벌여, 이탈리아에 원정하는 등 국고를 탕진해 재정상태는 언제나 압박을 받고 있었다. 그럼에도 불구하고 앙보와즈 성과 블로와 성에서는 일부를 개축해 성관으로 만들고 거기다 더해 이상적인 성관을 신축하려고 했던 것이다.

외형은 중세성벽을 흉내 내어, 정면 폭 155m, 깊이 117m의 장방형 성곽을 계획했다. 그 네 귀퉁이에는 원탑을 배치하고 북서쪽에 접해 거대한

던전을 설치하고 던전의 네 귀퉁이에
도 원탑을 배치하고 있다. 평면적 설
계만으로 본다면 그야말로 견고한 성
채와 같은 느낌이 들지만 싸움에 대한
대비는 전혀 없다. 그런 것을 염려할
필요는 이미 없었던 것이다. 성채와
같은 외형을 취한 것은 국왕의 주거에
어울리는 위엄을 갖추기 위해서였다.

당초는 주변에 해자가 있고 조개교
가 걸려 있었다. 이 또한 외관을 가능
한 성채처럼 보이도록 하기 위해서다.
훗날 루이 15세가 말렌샬 드 사크스
원수의 전공을 위무해 이 성을 하사하
는데, 그는 뼛속까지 군인이었기 때문
에 성관의 정면에 있던 멋진 정원을
전부 없애버리고 동남쪽과 서남쪽의
해자도 매립해 그 일대를 넓은 연병장
으로 만들어 버렸다. 성관 건물은 매
우 호화로운 구조임에도 불구하고 주
변은 아무것도 없는 벌판으로 부조화
스럽게 보이는 것은 그 때문이다. 사
방을 해자가 둘러싸고 정면에 아름다
운 정원이 있던 때에는, 이 성의 경관
은 지금과는 전혀 다른 느낌이었을 것

　　　　유럽에 빠지는 즐거운 유혹③

샹보르 성 Chateau de Chambord

외형은 중세성채를 따랐으나 싸움에 대한 대비는 전혀 없다. 사진 위는 '연병장' 쪽에서 본 모습. 사진 아래는 크고 작은 탑들이 콘소 강의 수면에 비치고 있는 모습.

우아한 성관과 의고성이 생겨나기까지

이다.

프랑수와 1세는 무엇이든 장대한 것을 좋아하는 성격이었다. 샹보르성의 해자와 정원에 물길을 끌어들일 필요가 생겼을 때, 그는 로와르 강의 유로를 바꿔 성의 부지 안을 통과하게 하려 생각했다. 그러나 도저히 무리라는 것을 알게 되어 로와르 강의 지류 코손 강을 끌어들이는 것으로 만족했다. 이 성은 전경사진

샹보로 성의 나선계단

을 찍었을 때, 아침부터 오후에 걸쳐서는 '연병장' 쪽이 좋고, 오후가 되면 서북쪽으로 돌아가 코손 강의 다리 부근이 좋다. 샹보르 성의 크고 작은 탑들이 코손 강의 수면에 비치는 정경은 '연병장' 쪽에서 본 모습과는 전혀 다른 맛을 느끼게 해 준다.

성관 안에 들어가면 머저 던전 한 가운데 있는 커다란 이중 나선계단이 눈에 들어온다.

두 개의 나선계단이 하나의 축을 중심으로 얽혀있는 것처럼 보여, 한쪽은 올라가기 전용, 다른 쪽은 내려가기 전용으로 되어 있는데 양자가 도중에 만나는 일은 없다. 이 훌륭한 계단을 만드는 데 있어서는 레오나르도 다 빈치가 지혜를 빌려준 것이 아닐까, 라

유럽에 빠지는 즐거운 유혹③

는 설이 있다. 그는 프랑소와 1세의 초청으로 프랑스에 와서 인생 마지막 3년을 르와르 지방에서 보냈다.

이 성은 방의 수 440개라는 규모를 가지며 프랑소와 1세의 아들 앙리 2세 시대에 완성되었는데 국사다난했던 탓도 있어 그 이후의 국왕들은 아주 가끔씩 밖에 이 성에 체재하지 않았다. 그리고 어쩌다 체재할 경우가 있을 때 국왕의 시중을 들던 많은 수의 사람들이 가장 곤란했던 점은 겨울 추위였다고 전해지고 있다. 프랑수와 1세의 '큰 것이 좋은 것' 주의의 영향으로 건축가들은 겨울의 실내온도 유지에까지 신경을 쓰지 못했던 것이다. 중세 성에 비해 월등히 방은 넓고 천정은 높고 창문은 커졌음에도 난방설비는 옛 중세와 전혀 달라지지 않아 넓은 방의 가장 상좌에 난로가 하나 놓여있을 뿐이었다. 난로에서 먼 아랫자리에 있는 자들은 잔뜩 껴입고 소리가 나지 않도록 발을 동동 구르며 추위를 견뎠다고 한다. 그 후로 샹보르 성의 교훈을 되살려 성관에는 지나치게 넓은 방은 만들지 않게 되었다.

여성적이면서 우아하고 아름다운 슈논소의 '다리 위의 성'

슈논소 성은 로와르 강 지류 셀 강에 걸친듯한 형태로 만들어져 우아하고 아름다운 그림자를 수면에 드리우고 있기 때문에 '다리 위의 성'이라는 이명을 가지고 있다. 이곳에는 마르크 가문이 영지 지배의 거점으로써 13세기에 쌓은 성채가 있었는데, 동 가문이 재정난에 직면해 매각한 것을 신흥 실업가 토머 보이에가 인수하게 되었다. 그는 이곳에 멋진 성관을 세우려는 생각을 가지고 있었다. 그리고 1513년부터 공사를 시작해, 중세 이래의 성채는 던전만을 남기고 헐어버렸다. 현재, 정원의 일각에 있는 뾰족한 지붕과 낙석용 난간이 붙어있는 커다란 원탑이 던전으로, 아래 층

슈논소 성 chenonceau
중앙이 수차의 받침대 위에 포이
에부처가 만든 성관

의 방 하나가 그림엽서 등을 파는 매점이 되어 있다.

성채의 옆으로 흐르며 천연 해자 역할을 하던 셀 강에는 밀가루를 빻기 위한 커다란 수차가 설치되어 있었다. 중세의 영주들은 영지의 주민들이 마음대로 수차를 만드는 것을 허락하지 않아 밀가루 빻기에는 영주소유의 수차를 강제로 사용하도록 해, 사용료를 징수했던 것이다. 일본에서는 수차라고 하면 위에서 아래로 떨어지는 물줄기를 이용하는 것이 상식이지만 프랑스 특히 로와르 지방 근처는 지세가 완만해 낙

유럽에 빠지는 즐거운 유혹 ③

하하는 물줄기가 별로 없기 때문에 강 가운데에 폭이 넓은 수차를 설치하고 강물의 흐름을 이용해 수차를 돌린다. 그를 위해서는 강 가운데 폭이 넓고 견고한 석조 받침대를 건축할 필요가 있었다.

성벽에 부속되어 있던 낡아빠진 수차와 그 임시 지붕을 걷어내었을 때, 토머 보이에에게는 하나의 아이디어가 떠올랐다. 강 한가운데 있는 '폭이 넓고 견고한 석조 받침대' 위에 성관을 건축하면어떨까.

부족한 부분에는 새로이 석조 받침대를 구축하면 되었다. 이리하여 물 위에 떠 있는 듯한 형태의 성관이라는 독창적인 플랜이 생겨났다.

성관이 생기고 나서 수년 후에 앙리 2세의 왕비 카트린느 드 메디시스가 그를 계승해 강 건너편까지 이를 정도로 증축을 해 '다리 위의 성'의 모습을 완성시킨 것이었다.

슈논소 성은 아름다운 무늬를 그리는 화단이 붙은 두 개의 정원을 가지고 있는 것으로 유명하다. 성관 방향에서 왼쪽에 있는 것이 디아누 드 포와체가 만든 정원, 마찬가지로 오른쪽에 있는 것이 카트린느 드 메디시스(Caterina de Medici)가 만든 정원이다. 뒤에 기술하겠지만 슈논소 성은 토머 보이에 사후 프랑스 왕가의 손에 넘어갔다. 그것을 앙리 2세가 열렬히 총애하고 있던 측실 디안느 드 포와체에게 주었으나, 앙리 2세가 마상 창술 시합 중 사고로 급사하자 카트린느는 다음 날로 디안느를 궁정에서 쫓아내고 이 멋진 성도 구실을 달아 디안느로부터 빼앗아 버렸다.

전통에 얽매이지 않고 성관 건축에 생 면목을 열다

토머 보이에는 대단한 자산가로 프랑수와 1세를 위해 일하며 재무관으로 근무했는데 귀족은 아니고 당시의 언어로 말하면 상인이었다. 그러기에 더욱 전통적인 사고방식에 얽매이지 않고 수차의 받침대 위에 성관을

슈논소 성의 전경

슈논소 성은 아름다운 무늬를 그리는 화단이 붙은 두 개의 정원을 가지고 있는 것으로 유명하다.

성관 방향에서 왼쪽에 있는 것이 디아누 드 포와체가 만든 정원, 마찬가지로 오른쪽에 있는 것이 카트린느 드 메디시스가 만든 정원이다.

세운다는 기발한 발상을 할 수 있었을 것이다. 그는 주군의 이탈리아 원정에 동행하는 등 언제나 밖으로

유럽에 빠지는 즐거운 유혹 ③

만 돌았기 때문에, 성관의 설계에 대해 건축가에게 의견을 말하는 역할은 거의 대부분 처인 카트린느 블리소네가 담당했다. 그녀도 또한 귀족 출신은 아닌 은행가의 딸이었는데 남편과 마찬가지로 전통에는 얽매이지 않았기 때문에 그때까지의 성관건축에서는 볼 수 없었던 새로운 수법을 다양하게 도입하였고, 그 중에서도 다음 두 가지는 획기적이었다. 그 하나는 편 복도를 만든 것이고 나머지는 평(平)계단을 만든 것이다.

중세 이래의 성채에서는 설령 방의 숫자가 많아도 편 복도는 만들지 않는 것이 정석이었다. 들어가서 처음 나오는 방은 반드시 위병 집결소로 그곳에서부터 차례차례 문을 열고 방을 통과하거나, 나선 계단을 오르지 않고서는 가장 안쪽에 있는 성주나 성주 부인의 방까지는 도달할 수 없었다. 적에게 기습당할 경우를 대비해서였다. 성채가 더 이상 전쟁을 대비한 시설이 아니고 우아한 생활을 위한 성관으로 변모하면서 그와 같은 대비는 필요하지 않게 되었는데도 편 복도를 만들지 않는 것은 성의 전통으로서 계속 지켜져 왔다. 덧붙여 말하면 일반 주거와 수도원 등에서는 필요에 따라 편 복도를 만드는 것이 당연한 일이었다.

여기서 16세기에는 아직 응접실이라는 관념이 없었다는 점을 지적하지 않을 수 없다. 손님이 성관을 방문하면, 신분이 낮은 손님에게는 입구에서 대응하는 데 비해, 신분이 높은 손님은 성주와 성주 부인 등의 방으로 들여 맞이하는 게 예의였다. 그런데도 편 복도가 없으니 어떻게 되었겠는가. 손님은 입구에서 가장 안쪽까지 각 방을 전부 통과해야 하는 것이다. 우리들이 자주 하듯이 손님이 올 때 볼썽사나운 물건들을 전부 옆 방에 쑤셔 박아 둘 수는 없는 일이었다.

손님을 접대하거나 연회를 개최할 때도 이런 구조로는 아주 불편했다. 그 부분은 고용인들의 인해전술로 감당했지만 도구정리, 식기류와 요리,

음료 나르기, 뒷정리, 청소 등 어느 것 하나를 들어도 편 복도가 없음으로 인한 불편은 상상을 초월했다. 물론 일상적인 청소 등에서도 마찬가지이다.

상인 집안 출신인 카트린느 블리소네에게 있어서 그것은 매우 불합리한 일이었다. '성이란 이런 것이다' 라는 이유만으로 그렇게 만들어야 한다니 바보 같다, 라고 생각했음이 틀림없다. 그녀는 성의 역사 상 처음으로 편 복도를 만들고 입구에서 직접 각 방으로 갈 수 있도록 했다.

그에 더해, 성의 계단은 오른쪽으로 돌아가며 올라가게 되어 있는 좁은 나선계단이어야만 한다는 예부터의 관습을 버리고, 일반 가정과 마찬가지로 평 계단을 만들었다.

석조의 나선계단에서는 구조상 반드시 그 중심에 굵은 돌 기둥이 있다. 아래에서 공격하는 쪽은 그 돌기둥이 방해가 되어 오른손으로 마음먹은 대로 무기를 휘두를 수가 없다. 역으로 위에서 방어하는 쪽은 그 돌기둥과 왼손에 들고 있는 방패로 몸을 지키면서 오른손으로 경사면의 위로부터 마음껏 무기를 휘두를 수 있었다. 또 나선계단이 아니고 평계단이라면 밑에서 공격하는 쪽은 일거에 뛰어오르기 쉽고 방패로 머리를 가리고 몸을 보호하면서 적의 다리를 공격할 수 있는 데 비해 위에서 막는 쪽은 의외로 불리했다. 성의 계단은 오른쪽으로 돌아가며 올라가게 되어있는 좁은 나선계단이어야만 한다, 라고 정해진 이유가 여기에 있다.

성관에서는 이런 사정도 역시 달라졌을 터인데도, 나선계단이라는 형식만은 지켜지고 있었다. 그것이 이미 형식에 지나지 않는다는 것은, 올라가는 방향이 역으로 왼쪽으로 되어 있거나, 폭이 매우 넓어진 나선계단이 등장하기 시작했다는 것에서도 알 수 있다. 고성을 방문했을 때에 직접 오르락 내리락 해보면 누구라도 실감하는 것이, 좁은 나선계단은 매우

유럽에 빠지는 즐거운 유혹 ③

사용하기 불편하다. 커다란 물건을 들고 있거나 할 경우는 더욱 그러할 것이다. 카트린느 블리소네가 나선계단을 포기하고 평계단을 도입한 것도 당연했다.

왕가를 통해 성관의 신 기축이 각지로 퍼지다

슈논소 성에 출현한 편 복도와 평 계단은 아직 극히 소규모였다. 만약 이 성이 그 후로도 계속 보이에 가문의 소유였다면 후세의 성관건축에 끼친 영향은 제한적이었을 지도 모른다. 실제는 전혀 다르게 전개되었다.

토머 보이에는 징세의 청부도 맡고 있었는데 이 성이 완성되고 3년 후에 밀라노에서 사망하고 그 2년 후에 부인 카트린느도 사망했기 때문에 회계감사가 실시된 결과, 국왕에 대한 미납금이 액수가 크다는 것이 밝혀져 이 성은 넓은 정원과 수렵용 숲과 함께 프랑수와 1세에게 몰수되어 버렸다. 기껏 고심해 멋진 성을 세웠지만 보이에는 고작 수년 밖에 이곳에서의 생활을 즐기지 못한 것이었다.

프랑수와 1세는 이 성을 수렵관으로 애용하고 그의 사망 후에는 앙리 2세가 총애하던 후궁 디아누 드 포와체와 함께 자주 체재하게 되었다. 앙리 2세가 사고로 죽고 장남 프랑수와 2세가 즉위하고 그 또한 얼마지 않아 병사하고 차남 샤를르 9세가 즉위하자, 모후 카틀린느 드 메디시스가 섭정으로서 전권을 장악했다. 당시 프랑스의 정치정세는 극히 미묘했기 때문에 그녀는 어린 나이에 왕위에 오른 아들의 입지를 강화하기 위해 유력한 귀족, 군인, 외국사신 등을 자주 이 성으로 초대해 접대했다. '모후 폐하는 엄선된 미녀군단을 대기시켜 두었고, 그녀들은 폐하의 명령이 있으면 무엇이든 한다' 라는 소문이 자자했다.

이상과 같이 프랑수와 1세의 치세에서 카틀린느 드 메디시스의 시대에

베르사유 궁전의 홀

이르기까지, 혹은 국왕과 모후에게 잘 보여 작위를 받기 위해, 또는 국왕과 모후의 초대를 받아, 슈논소 성을 방문한 귀족과 그 부인들은 많은 수에 달했다. 그들은 '다리 위의 성'의 정취와 정원의 아름다움에 감동하고, 또 편복도와 평계단이 합리적이라는 것을 실감해, 자신들의 성관을 개축하거나 신축할 때 참고하게 되었다. 우리들 현대인의 감각에서는 슈논소 성의 편복도도 평계단도 극히 미미해 눈에 띄지 않는 존재이다. 그러나 16세기의 귀족들에게 있어서는, 다른 곳도 아닌 왕가의 성관에서 그것을 보면 눈이 번쩍 뜨일 정도의 존재였던 모양이다.

단 왕가의 성관이라고는 해도 슈논소 성은 말하자면 별장이었다. 정규 왕궁에서는 그 후로도 계속 편복도는 만들어지지 않았다. 약 2세기 후에 만들어진 베르사이유 궁전, 빈의 쇤부른 궁전, 마드리드의 왕궁 등도 이전과 다름없이 모두 방에서 방으로 거쳐 통과하는 방식으로 되어 있다. 그렇게 하지 않으면 제왕의 위엄이 걸린 문제라고 생각했는지, 그게 아니면 역시 안전확보를 위한 것이었는지 모르겠다. 그래서 불편을 완화하기 위해서 방의 안쪽에 고용인 전용의 비밀통로를 마련하는 궁리가 생겨났다.

평계단은 아무 저항 없이 보급되었고, 그 이후 바로크 시대에 접어들면 평계단은 성관을 호화롭게 보이기 위해 빼 놓을 수 없는 요소가 되었다. 외부 현관에서 들어오는 곳에 여유로운 공간을 확보하고 그 정면에 호화로운 조각으로 장식된 호화롭고 장쾌한 계단을 만드는 수법이 주로 사용된 것이다. 내빈에게 무엇보다 먼저 이 계단의 구조를 통해 성관의 호화로움을 인상 짓게 했다. 그 실례는 각지에 많이 남아있다. 당시 유럽의 왕후귀족 사이에서는, 프랑스에서 유행하는 것은 바로 다른 제국에게도 전해졌다.

호화롭고 장쾌한 계단이 유행함에 따라 귀부인의 드레스 디자인에까지 영향이 미쳤다. 긴 드레스의 양 옆을 손으로 가볍게 잡아들고 밑단을 펼쳐 끌리듯이 하며 계단을 오를 때, 밑에서 바라보면 드레스가 더욱 더 아름답게 보일 수 있도록 디자인적인 면에서 다양한 변형이 추가되었다. 밑단을 펼쳐 끌리듯이 계단을 오르면 아마도 틀림없이 밑단이 더러워지거나 헤어지거나 했을 것이다. 그러나 귀부인은 자기 손으로 세탁을 하지는 않았기 때문에 그 점에 대해서는 무신경했던 것이다.

19세기의 낭만주의가 낳은 의고성(擬古城)

노인슈반슈타인의 또 다른 이름, 신 백조성

독일에 다수 존재하는 성 중에서도 월등히 유명하고 찾는 사람도 엄청나게 많은 것은 노인슈반슈타인 성이다. 영어로 고치면 노이(Neu)는 New, 슈반(Schwan)은 Swan, 슈타인(Stein)은 Stone으로, 직역하면 '새로운 백조의 돌'이라는 의미. 신 백조성이라는 번역으로 많이 알려져 있다. 덧붙여 말하면, 독일에서는 성의 이름이 슈타인 (Stein, 돌)이나 펠스(Fels, 바위)로 끝나는 예가 그 외에도 많이 있다.

신 백조성은 무척 고풍스럽게 보이지만, 사실은 중세의 성터에 완전히 새롭게 지어진 성으로, 완성된 것은 1886년의 일. 19세기에 유럽 각지에서 일종의 유행처럼 만들어진 의고성 중 하나이다. 그렇다고 해도 신 백

유럽에 빠지는 즐거운 유혹③

조성은, 독일 알프스를 등뒤로 한 암석 봉우리 위에 솟아 있다는 훌륭한 입지조건과, 비할 데 없이 낭만적인 모습으로 인해 천하의 명성(名城)으로 칭송 받고 있다.

이 성을 지은 것은 바이에른 국왕 루드비히 2세이다. 당시 독일은 프로이센 왕국, 바이에른 왕국 등 세 개의 군주국과, 3개의 자유도시가 연합해, 하나의 제국을 구성하고 있었다.

신 백조성으로 올라가는 입구 근처 숲이 우거진 언덕 위에 또 하나의 노란색 성이 보인다. 호엔슈반가우(Hohenschwangau, 높은 백조의 마을)라고 불리며, 일본에서는 고 백조성(高白鳥城)이라고 번역하고 있

신 백조성
Neuschwanstein
독일 알프스를 등 뒤로 한 암석 봉우리 위에 솟아 있는 신 백조성

고 백조성
Hohenschwangau
신 백조성으로 올라가는
입구 근처, 숲이 우거진 언
덕 위에 있는 고 백조성

다. 루드비히 2세의 아버지 막시밀리언 2세가, 이것 역시 중세의 성터에 지은 의고성으로, 성내는 백조의 기사 로엔그린을 시작으로 해, 다양한 중세전설을 모티브로 한 벽화로 장식되어 있다. 루드비히는 소년시대의 대부분을 이 성에서 보내, 중세에 대한 동경을 가득 품게 되었다. 훗날 자신도 성을 지었을 때에 신 백조성이라고 이름 붙인 것은, 아버지가 만든 이 고 백조성에 대해, 신 백조성이라는 의미였다.

의고성을 낳은 시대정신은 낭만주의

18세기 후반부터 유럽에서는 문학, 연극, 음악, 미술, 건축 등의 다양한 분야에 걸쳐 낭만주의가 유행하게 되었다. 그것은 논리보다도 감정을 중시하고 인류공통의 보편적인 원리보다도, 각 민족 고유의 역사와 전통에서 보다 많은 가치를 발견하고자 하는 사상이다.

독일은 민족통일이 늦어, 크고 작은 다양한 나라로 분열된 채로인 상태가 계속 이어지고 있었기 때문에, 이 무렵은 아직 정치, 경제, 문화 등의 면에서 번번이 영국과 프랑스에게 뒤지고 있었다. '본래 독일민족은 매우 우수한데, 이것은 뭔가 이상하다'라는 사조가 강해, 독일에서는 특히 민족고유의 역사와 전통에서 많은 가치를 발견하고자 하는 낭만주의가 사랑받았다.

낭만주의의 하나의 구체적인 표출은 중세에 대한 동경이었다. 문학, 연극과 회화 등에서는 중세를 소재로 한 작품이 많이 만들어지고 음악분야에서도, 예를 들면 바그너는 오랜 전설을 바탕으로 해 중세에의 찬미를 노래한 악극을 창시해 낭만주의를 사랑하는 사람들로부터 열광적인 지지를 얻었다.

19세기에 각지에서 고성이 수복되고, 또 중세풍의 의고성이 신축된 것도, 동일한 시대사상의 흐름 위에 있다. 단 이 무렵에 행해진 고성의 수복은 중세에의 동경만이 앞서 엄밀한 학문적 고증은 실시되지 않았기 때문에 지금에서 보면 분명히 잘못된 것으로 여겨지는 부분도 꽤 있다. 의고성에 있어서도 마찬가지이나 그럼에도 신 백조성과 같은 성이 생겨 많은 사람들이 구경하러 오게 되었기 때문에 그 나름의 의의는 있었다고 할 수 있을 것이다. 독일인 자신의 신 백조성에 대한 평가는 갈린다. '독일의 디즈니랜드'라고 혹평하는 사람도 있는가 하면, '우리들에게 꿈을 준 성'

젊은 시절의 루드비히 2세

'아무튼 이만큼 인기가 있으니 됐다' 라고 말하는 사람도 있다.

정치에 절망한 바이에른 왕의 꿈이 낳은 성

정확하게 말하면 신 백조성은 단순히 중세의 성을 모방하기만 한 의고성이 아니라, 루드비히 2세의 특이한 개성이 강하게 표출된 창작품이다.

루드비히 2세는 1864년, 18세에 왕위에 올라, 처음에는 정무에 열심이었다. 그러나 21살 때에 스스로 원해 '조피'라는 아름다운 공주와 약혼하고 결혼식 준비도 거의 마친 후, 이해할 수 없는 이유로 몇 번이고 식을 올릴 날짜를 연기하더니 결국은 약혼이 파기되어버린 무렵부터 상태가 이상하게 변했다. 뮌헨에서의 궁정생활을 극도로 기피하게 되어, 국왕으로서의 의무인 다양한 공식행사에도 거의 얼굴을 내밀지 않고, 소년시대부터 지내온 독일 알프스 산록 지방에 틀어박힌 채, 오로지 신 백조성과 슈타른베르크 호반의 베르크 성에 계속해서 체재하게 된 것이다. 그 독일 알프스 산록 지방에서 자신만의 꿈의 성으로서, 신 백조 성의 건설에 정열을 기울이기 시작했던 것이다.

루드비히 2세가 정무에 관심을 잃기까지 이른 배경에는, 독일의 정치정세, 특히 바이에른 왕국

유럽에 빠지는 즐거운 유혹 ③

의 정치정세의 격변이 있었다.

1871년의 보불전쟁에서 프로이센은 독일통일에 마지막까지 반대해 온 프랑스를 격파하고, 강력한 통일국가로서의 독일제국이 발족하기에 이르렀다. 그 때 독일에 23개나 존재하던 군주국 중, 군사상으로는 프로이센이 압도적으로 강했지만, 역사적으로 보아 국왕의 격을 따져보면 바이에른이 최고였다. 그래서 루드비히 2세는 새로운 독일제국의 황제에는 프로이센의 왕과 바이에른의 왕이 교대로 취임하자는 안을 내었다. 그가 머리 속에 그리고 있던 것은 일찍이 신성로마제국황제와 같은 상징적인 존재였다.

그런데 프로이센의 재상으로, 보불전쟁의 승리와 독일통일 실현의 일등공신이었던 비스마르크가 생각하고 있던 것은 국제정치와 경제에 있어서 영국과 프랑스 등에 뒤지지 않는 완전한 통일국가를 건설하는 것이었다. 비스마르크는 루드비히 2세의 제안을 거들떠보지도 않고 오로지 바이에른 왕가의 권위만을 이용하고자 했다. 그렇게 루드비히 2세를 꼭두각시 삼아 다른 군주국과 자유도시에 호소하도록 만들어, 프로이센 왕 빌헬름 1세를 새로운 독일제국 황제에 추대하고자 했다. 그러나 루드비히 2세가 좀처럼 허락하지 않았기 때문에 통일 후에도 바이에른에 한해 외교, 군대, 통화, 철도, 우편 등에 있어 특권을 인정하겠다고 제안해 동의를 강요했다.

루드비히 2세로서는 분하기 그지 없었고 몹시 자존심에 상처를 입었지만, 양국 사이의 군사력의 격차는 너무도 커서, 현실적으로 어찌 해 볼 도리가 없었다. 바이에른 국민의 장래를 위해서도 독일 통일을 추진할 수밖에 없다고 생각해 결국 비스마르크의 뜻에 따르기로 결정한 것이었다. 뚜껑을 열어보면 바이에른은 프로이센의 속국으로 전락했음이 명백해졌다.

신 백조성의 실내

신 백조성의 내부를 돌아보면 장식이 너무나도 화려해 호화로움의 극치를 이룬다. 보통의 신경을 가진 사람이라면 생활공간으로서 일상적으로 기거하기에는 무리일 정도로 화려하다.

예를 들면 외교권이 인정된다고는 해도, 다른 나라들은 더 이상 외교문제에 있어서 바이에른을 상대하지 않게 되었다. 모든 것은 베를린에서 결정되게 된 것이었다. 실질적으로 바이에른 국왕정부의 손에 남겨진 것은 내정에 대한 권한뿐이었다.

누구보다 다정다감한 성격이었던 루드비히 2세는 깊은 좌절감에 휩싸여 정치에 절망하고 거기에 성 도착증이라는 개인적인 고민까지 겹쳐, 자기자신만을 위한 '꿈과 같은 성'으로 도피하는 결과를 낳았다고 전해지고 있다. 이렇게 하여 신 백조성이라는, 비현실의 세계에서 놀고 있는 듯한 불가사의한 성격을 띤 의고성이 생겨나게 되었다.

왕의 목숨까지 앗아 간 광기에 찬 성 건설

조피와의 약혼파기로 드러나게 되었듯이 루드비히 2세는 구제불능의 성 도착증 환자로, 여성에게는 아무런 관심도 가질 수 없었다. 그리고 비밀리에 청년사관이나 시종을 상대로 해, 게다가 그에 대해 강한 죄의식을 느끼며 자기자신을 끊임없이 책망했던 사실이, 사후에 남겨진 일기에 자세히 적혀 있다.

기독교는 동성애자를 죄악시하고 있어, 현재와 달리 동성애를 증오하는 기풍은 사회전반에 걸쳐 매우 강했다. 하물며 루드비히 2세는 가톨릭 국가인 바이에른의 왕으로, 국민에게 기독교의 교리를 지킨다는 점에서도 모범을 보이지 않으면 안 될 입장이었다. 또 하나의 문제는 정상적으로 결혼을 해 왕위계승자를 낳는 일은 군주의 책무로 여겨졌다는 사실이다. 루드비히 2세는 이상의 점들을 잘 알고 있어, 죄의식과 책임감으로 스스로를 책망하며, 그럼에도 도저히 여성을 사랑할 수 없었던 것이다. 특히 왕비로 맞이해도 부족함이 없을 고귀한 여성에 대해서는 공적인 장소에서는 어찌되었든 간에, 사적인 장소에서는 가까이 다가가는 것조차 거부반응을 보였다.

그런 의미에서는 여성공포증이라고도 말할 수 있었다. 신 백조성의 내부를 돌아보면 그 장식이 너무나도 호화로움의 극치를 이뤄, 일종의 이질감마저 느껴진다. 설령 왕후라고 해도 보통의 신경을 가진 사람이라면 생활공간으로서 일상적으로 기거하기에는 무리일 거라고 평가하는 이도 있다. 어찌 되었든 루드비히 2세는 정상인과는 전혀 다른 감각의 세계에 살고 있었던 모양이다.

신 백조성이 아직 공사 중인데도 불구하고 왕은 별도로 두 개의 성의 건설을 시작했다. 그 하나는 린다호프 성이라고 불리는 성관으로, 독일 알프스의 앞산과 숲이 내려다보이는 정원 안에 있고, 전체적으로는 그렇게 크지 않은데, 내부 장식은 신 백조성보다 앞섰으면 앞섰지 뒤지지 않을 정도로 호사스러웠다. 또 하나는 헬렌킴제 성이라고 불리는 성관으로, 킴 호수의 헬렌 섬에 있고 베르사이유 궁전을 모방한 것이었다.

이들 성의 건설은 바이에른의 국가사업이 아니라 왕의 사적인 사업으로서 왕실예산을 사용해 실시되었다. 왕실예산도 원래는 국민이 납세한 세금으로 의회의 승인을 거쳐 국고에서 지출되었다. 그렇게 해 본래는 왕의 생활비, 의례비, 뮌헨과 그 외에 있는 궁전의 유지비, 인건비 등 꼭 필요한 것으로, 성의 신축을 위해 사용할 수 있는 액수에는 한도가 있었다. 그러나 왕은 그러한 것들에는 완전히 둔감해 자금이 부족해지면 매번 외상으로 공사를 진행했다. 보통이라면 자금 부족으로 진작에 공사가 중지되었을 상황이었지만 그것은 왕이 시행하는 일이라 신용을 잃지 않고 얼마든지 외상으로 돌릴 수 있었기 때문에 부채는 방대한 액수에 달했다. 게다가 앞으로도 얼마만큼의 부채가 더 늘어날지, 짐작조차 가지 않는 형편이었다.

그래서 왕은 또 다시 거액이 왕실예산을 요구했고, 이미 공사 중인 성조차도 완성에 이르기까지 막대한 지출을 필요로 하고 있었는데도 불구하고 추가로 네 번째 성의 건설계획에 착수했다. 그것은 팔켄슈타인 성(독수리 석성)이라는 의고성으로, 신 백조성보다 더욱 높은 암석 봉우리 위에 세우겠다는 구상이었다. 완성 예상도는 신 백조성의 '옥좌의 방'에 그려져 있다.

바이에른의 루츠 수상은, 이미 한계에 이르렀다는 판단을 굳혔다. 그래서 왕의 숙부 루이트볼트 공과 상담하고, 왕의 일상생활에서의 행동이 더더욱 이상해졌음을 간파해, 구덴 교수 등에게 '왕은 불치의 정신병에 걸려있어 통치는 불가능'이라는 진단을 내리도록 했다. 결국 루드비히 2

유럽에 빠지는 즐거운 유혹 ③

린다호프 성
Rinderhof castle
루드비히 2세가 건설한 성관의 하나.
규모가 크지는 않지만 내부 장식은 신 백조성보다 앞섰으면 앞섰지 뒤지지 않을정도로 호사스러웠다.

세는 슈테른베르크 호반의 베르크 성에 감금되었는데, 다음날 구덴 교수를 대동하고 호반을 산책하던 도중 두 사람 모두 의문의 죽음을 당했다. 향년 40세였다. 왕이 건설을 계획한 성들 중, 생전에 완성된 것은 린다호프 성뿐이다. 신 백조성에는 8할 정도 완성되었을 때 옮겨 살았는데, 왕이 이 성에 있을 수 있던 기간은 고작 반년 정도에 지나지 않았다.

현재는 매우 많은 사람이 신 백조성을 찾는데, 바로 근처에 있는 고 백조성까지 발걸음을 옮기는 사람은 극히 적다. 그러나 신 백조성은 매우 특수한 존재로, 19세기 이곳 저곳에 건설되었던 의고성의 예로서는 오히려 고 백조성이 적합하다. 고 백조성의 내부도 벽화 등으로 장식되어 있으나, 전체적으로 보아 차분하고 안정된 느낌을 주며, 살아있는 인간이 그곳에서 생활을 했었다는 분위기가 지금도 느껴지는 듯하다.

성관 호텔에 머물다

성관 호텔에는 다양한 종류가 있다

요즘 유럽 여행에서는 성관호텔이 큰 인기를 끌고 있다. 그러나 싸잡아 성관호텔이라고 해도 다양한 종류가 있기 때문에 진짜 성채나 성관 외에 수도원을 시작으로 무언가 역사적 유서가 있는 건조물을 전용한 호텔도 꽤 많다. 말하자면 세간에서 일반적으로 성관호텔이라고 부르는 것은 역사적 건조물을 전용한 호텔이라고 정의해도 좋을 것이다. 그런 식으로 인식하고 있지 않으면 '이런 것을 기대한 게 아닌데…' 라고 실망하게 될지도 모른다.

성채와 성관 이외에 호텔로 전용되고 있는 역사적 건조물은 어떠한 것들이 있을까.

먼저 수도원이 전체에서 상당한 비율을 점하고 있다. 원래 수도원은 다수의 수도사와 수녀들이 집단생활을 하던 장소로, 반드시 식당이 있고 회랑과 안뜰을 포함해 같은 사이즈의 승방이 줄지어 늘어서 있는 경우가 많아, 구조적으로 호텔로 전용하기 쉽다. 그 때문에 옛날부터 건물을 이곳저곳 손 볼 필요도 없이 고풍스러운 분위기가 그대로 보존되어 있는 경우가 많다. 또 일반적으로 수도원은 입지조건이 좋다. 그런 까닭으로 수도원을 전용한 호텔은 거의 예외 없이 훌륭하다고 해도 과언은 아니다.

그 외의 역사적 건물로서는 귀족과 호상의 저택, 국왕의 대관(代官)저택, 기사단장의 거처, 사제관, 유명한 여관, 순례자 구호소 등이 있다. 이들을 전용한 호텔이 실제로 어떻게 되어있는지는 천차만별로, 도저히 한 마디로 말할 순 없다. 명칭만으로 판단하는 것은 실수로 이어지기 쉽다. 예를 들면, 스페인에는 순례자 구호소를 전용한 호텔이 몇 군데 있는데, 그 중 두 곳은 최고급 5성 호텔급으로 건물의 고풍스러운 구조도 그렇고 분위기도 그렇고 만점에 가깝다. 스페인에는 산티아고라는 유명한 순례지가 있기 때문에, 국왕이 수도원을 겸한 호장한 순례자 구호소를 세운 것이었다.

가슴 설레도록 명실상부한 성채였던 호텔

성관호텔이라고 해도 반드시 성 만이 아니라는 것은 이해하셨을 것으로 믿지만, 물론 숫자상으로 가장 많은 것은 어쨌든 성이라는 이름이 붙어 있는 건물을 전용한 호텔이다. 다음으로 문제가 되는 것은 그것이 어떤 성인가 하는 점이다. 역사 애호가들이 가슴이 두근두근할 정도로 중세 모습 그대로를 간직한 성채는 유감스럽게도 별로 많지 않다. 그런 중에 명실상부한 성채를 되살려 사용하고 있는 호텔의 예를, 나의 체험에 근거해 몇 가지 들어보도록 하겠다.

부르크호텔 트렌델부르크 Burghotel Trendeburg

독일의 메르헨 가도 변에 있다. 부르크호텔이란 성채호텔이라는 의미이다. 13세기 이래의 성주인 폰 슈토크하우젠 가문이 직접 경영하고 있고 묵직한 원탑을 갖춘 성벽과 빈 해자로 둘러싸여 있는 성은, 그야말로 중세 그대로의 정취를 풍긴다. 호텔로 전용함에 있어 폰 슈토크하우젠 가문에서는 옛날부터 존재하는 건물을 가능한 한 그대로 사용하고자 해, 개장을 최소한으로 억제했기 때문에 고성의 풍취가 짙게 남아있다. 내가 묵었던 방은 베르크프리트(천수각)의 가장 위층이었는데 물론 엘리베이터는 없고 5층만큼의 계단을 돌며 걸어서 오르락 내리락 했다. 방에서 열린 부분이라고는 거칠고 억센 석벽에 폭

트렌델부르크 호텔
규모가 크지 않으며 고성의 풍취가 진하게 남아있다. 실내도 고풍스러운 느낌이 그대로 남아 있다.

쉔부르크 호텔
라인 강이 내려다보이는 높은 언덕에 있
는 성채호텔로, 전망이 매우 아름답다.
분위기 좋은 식당은 점심시간에 들르기
에 좋다.

60cm, 높이 1m 정도의 작은 창문이 있
을 뿐. 막상 싸움이 벌어지면 갑옷으로
몸을 감싼 무사들이 그 작은 창문으로
아래를 내려다보고 함성을 질렀을 것이
다. 나도 그 작은 창문에서 몸을 내밀고
주위를 둘러보며 용사가 된 기분을 맛
보았다. 천정에는 꼭 일본의 오래된 민
가와 같은 검게 광이 나는 묵직한 목조
가 노출되어 있었다.

필자는 가본 적이 없지만 이 근처에 있
는 부르크호텔 슈로스 월덱(Burghotel
Schloss Waldeck)도 훌륭한 성채호텔이
라고 한다.

부르크호텔 쉔부르크 Burghotel Schonburg

라인 강이 내려다보이는 높은 언덕에 있는 성채호
텔로, 그 이름은 '아름다운 성'이라는 의미. 아마 전
망이 매우 아름다운 점에서 유래한 이름일 것이다.
절반 가까이 유적으로 변해 있어, 용사들의 꿈의 흔
적을 보는 것 같아 감개가 무량해진다. 남아있는 건
물을 호텔로 전용했는데, 이 성에서도 역시 개장은
최소한으로 억제한다는 방침을 견지하고 있다. 그
때문에, 예를 들면 예배당이라는 이름의 객실이 있
는데, 그것은 말 그대로 성의 예배당을 객실로 개장
한 것이다. 이 성채호텔은 점심식사를 위해 들르면
아주 좋을 것이다.

부르크호텔 라인펠스 Burghotel Rheinfels

성의 이름은 '라인의 바위'라는 의미. 라인 강의
흐름과 하류 쪽의 마을들을 눈 아래로 내려다 보는
높은 언덕에 있어, 일찍이는 장대한 성채였으나, 지
금은 모두 유적이 되고 그 외곽에 새롭게 세워진 건
물이 호텔이 되어 있다.

봐센부르크 안홀트 Wasserburg Anholt

라인 강의 하류, 네덜란드 국경 가까이에 있다. 북
독일 성채의 특징이 잘 나타나있는 봐센부르크(물의
성)로, 널찍한 호수와 같은 해자로 둘러싸여 있다. 내

라인펠스 호텔

봐센부르크 안홀트

유럽에 빠지는 즐거운 유혹③

곽은 옛 무구와 회화 등을 전시한 박물관이고 외곽
이 호텔이 되어 있어 객실창문 바로 아래까지 해자
의 물이 출렁이고 있다. 내가 묵었던 밤에는 창 밖
의 넓은 수면에 달이 비추인 모습이 아주 인상적이
었다.

파라도르 카스틸로 데 시그엔자
Parador Castillo de Siguenza

마드리드 북동쪽 약 130km 지점의 시그엔자에
있다. '시그엔자 성'이라는 이름에 걸맞게 장대하고
견고함의 극치를 이룬 성채로, 그것이 전부 파라도
르가 되어 있다. 낙석용 난간을 갖춘 높은 탑과 성
벽이 엄연히 연결되어 있어 사진을 찍기에도 아주
좋다. 특히 계곡 아래에서 올려다 보았을 때의 위용
은 필설로는 다하지 못할 정도로 박력이 있다. 성채
호텔의 천하장사라고 해도 과언이 아닐 것이다.

**파라도르 카스틸로
데 시그엔자**
장대하고 견고한 성채로 높
은 탑과 성벽이 특징이다.

파라도르 마르케스 데 비에나

Paradol Marques de Villena

마드리드와 발렌시아의 딱 중간 정도에 있다. 파라
도르의 이름은 '비에나의 후작' 이라는 의미. 굽이쳐
흐르는 강으로 삼면이 둘러싸인 암석 산에 위치해,
낙석용 난간을 갖춘 성문과 높은 탑이 몇 겹으로 이
어지는 견고한 성이다. 이런 굉장한 성채가 방의 숫
자, 겨우 13개의 파라도르가 되어있는 것도 스페인답
다. 숙박예약을 잡는 것은 어려우니 점심식사를 위해
이용해 보는 것도 괜찮을 것이다. 성벽으로 둘러싸인
작은 성하촌이 있다.

**파라도르 카스틸로
데 비에나**
장대하고 견고한 성채 전체
는 파라도르가 되어 있다.

파라도르 카스틸로 산타 카탈리나 Parador Castillo

유럽에 빠지는 즐거운 유혹 ③

Santa Catalina

그라나다 북쪽 약 90km의 하엔에 있다. 산 정상에 높이 솟아있는 성채 산타 카탈리나에 기대는 듯한 형태로 지어져 있고 객실로 되어 있는 건물자체는 새로운 것이지만 전체로서는 위풍당당한 고성의 품격을 지니고 있다.

파라도르 카스틸로 산타 카탈리나
성채에서 내려다본 전경과 멀리서 본성채의 모습이 위풍당당하다.

파라도르 빌레이 토레도 Parador Virrey Toledo

토레도 서쪽 약 120km의 오로페사에 있다. 대단히 역사가 오랜 성채로 몇 번이나 전쟁으로 파괴되고 다시 복구되었다. 내곽은 지금도 중세성채 그대로의 모습을 간직하고 있고 외곽에 있는 16세기 이후의 건물이 파라도르로 전용되고 있다. 성하촌 역시 멋진 풍경으로 산책하기에 좋다. 16세기에 성주 프란시스코 데 토레도 가 펠 총독(빌레이)에 임명되었기 때문

파라도르 빌레이 토레도
내곽은 지금까지도 중세성채 그대로의 모습을 간직하고 있다.

에 지금의 이름이 붙여졌다.

포우사다 도 카스틸로 Pousada do Castelo

리스본 북쪽 약 90km의 오비도스에 있다. 중세의 목판화에서 튀어나온 듯한 시정(詩情) 넘치는 성채는 포우사다가 되어 있다. 이 성은 성하촌 쪽에서 들어가면서 보면 비교적 우아한 느낌을 주지만, 반대쪽인 바깥에서 올려다 보면 건드려 볼 틈도 없을 정도로 견고한 구조임을 알 수 있다. 방의 숫자는 고작 5개로, 숙박예약은 우선 불가능할 것이다. 요리가 맛있기로도 유명해 점심식사를 그곳에서 즐기면 좋을 것이다. 성하촌은 완전히 성벽으로 둘러싸여 있고 창가에 꽃이 가득한 흰색 벽면의 집들이 늘어서 있어 성에 뒤지지 않을 정도로 멋진 그림을 연출한다.

유럽에 빠지는 즐거운 유혹③

이것을 알고 있다면 당신도 성관 호텔의 전문가

성관호텔에서는 로비, 라운지, 식당 등의 공용 공간만이 고성 건물 안에 있고 (성 이외의 역사적 건조물에 있어서도 마찬가지), 객실은 별도로 새롭게 만들어진 건물 안에 있는 경우가 많다. 우리들로서는 객실도 모두 고성 건물 안에 있으면 좋겠지만 그런 성관호텔은 의외로 적다.

포우사다 도 카스틸로 Pousada do Castelo
사진은 성하촌 오비도스 (Obidos)로 성벽으로 둘러싸여 있다.

그 중에는 고성 건물은 그냥 옆에 있을 뿐 전혀 사용되지 않고 호텔 건물은 전면적으로 새롭게 지어진 것인 경우도 있다. 또 성 자체는 예전에 사라져버리고 단순히 성의 명칭과 부지가 남아있기 때문에 그것을 이용해 완전히 새로운 호텔이 지어진 경우도 있다.

우리들로서는 이상 모든 경우를 감안해, 건물이든 부지이든 어딘가에 성 비슷한 구조로 되어 있고 성다운 정서가 있어주는 것만으로도 감사하지 않으면 안될 듯 하다.

그런데 객실도 모두 고성 건물 안에 있는 것이 이상적인데, 실제로 묵어 보면 거기에는 또 다른 문제가 있다는 것을 알게 된다. 이런 타입의 성관호텔에서는 객실 사이에 극단적인 차이가 있는 경우가 많다. 성주와 성주 부인 등의 방이었던 곳은 매우 넓고 구조도 훌륭하며 정원을 정면에서 내려다보는 위치에 있고 창과 베란다에서 보이는 풍경이 멋지다. 정원 저편으로 산, 숲, 호수 등이 배경으로 펼쳐지는 경우도 많다. 어쨌든 좋은 요소들로 가득하다. 말단 고용인들의 방이었던 곳은 그와 반대이다. 지하 감옥이지 않았을까 싶을 정도의 방도 있었으면 있었지 없지는 않다. 지하 감옥보다는 낫지만 원래 마구간을 개조한 객실은 꽤 많은 수에 이른다. 성관호텔에서는 10번 정도 묵으면 1번 정도는 마구간 신세라고 생각하지 않으면 안 될 정도이다.

원래는 마구간이었던 방을 구별하는 방법

승용차도 트럭도 없었던 시대에는 성관이라고 불릴만한 장소에서는 반드시 많은 수의 말들을 키우고 있었다. 그 때문에 성관에는 예외 없이 커다란 마구간이 남아있다. 그래서 성관을 호텔로 만들 때 객실 숫자를 가능한 늘리고자 마구간을 객실로 개장하는 것이 통례이다. 원래는 마구간이었던 객실은 모두 다음과 같은 특징을 가지고 있으므로 그 부분을 신경 써서 보면 금세 알 수 있다.

먼저 건물인데, 본관과는 전혀 별도로 옆이나 뒤쪽에 있고 입구도 별도이다. 좁고 긴 단층건물로 복도는 없고 각각의 객실에는 밖에서 직접 들어갈 수 있게 되어 있다. 객실 바닥은 지면과 같은 수준으로 설령 현재는 아무리 훌륭하게 마무리가 되어 있다고 해도 원래는 흙 바닥이었음을 알 수 있다. 객실의 앞뒤 폭은 얕고 창문으로 보이는 경치는 그다지 좋지 않다. 옆으로 긴 창문이 높은 곳에 붙어있을 뿐 보통 사람의 키로는 밖이 전혀 내다보이지 않는 곳도 있다.

유럽에 빠지는 즐거운 유혹 ③

자신에게 배정된 방이 원래는 마구간이었음을 알았다면 목청껏 히히힝, 하고 울어보던가 아니면 마리아와 요셉의 심경이 되어 편안히 잠들던가, 할 뿐이다.

투어인 경우 이런 종류의 성관호텔은 인솔자가 신경을 써서 방 배정은 전부 제비 뽑기로 하는 경우도 있다. 제비 뽑기라면 성주의 방에 걸린 사람도 마구간에 걸린 사람도 웃으면서 받아 들일 수 있다. 이와 같은 성관호텔은 대개 방의 수가 매우 적기 때문에 원래 마구간이었던 뭐였든 간에 누군가는 그곳에 들어가지 않으면 안 되는 것이다.

그것을 생각하면 객실은 모두 새롭게 지어진 건물 안에 있는 것과 같은 방식도 나쁘지는 않다. 그렇게 되면 어느 객실도 균등해, 넓이도 그렇고 설비도 그렇고 통상의 일류호텔 급이 된다. 새로운 건물이라도 적어도 외관은 고성 건물과 조화를 이루는 디자인으로 지어져 있어 그다지 위화감은 느껴지지 않는 것이 보통이다. 자신의 방에서는 쾌적하게 쉬고, 예부터 있었던 호장한 대연회장에서 식사를 하거나 정원을 산책하거나 할 때에 성의 기분을 만끽하면 된다.

물론 어떤 방이라도 좋으니까 명실상부한 중세성채 안에서 묵어 보고 싶다는 사람도 있는 법이니까, 성관호텔의 개념을 한마디로 규정할 수는 없다. 유럽 전역에 걸쳐 실로 다양한 성관호텔이 있고 어딘가의 성관호텔에 처음으로 갈 때에는 사전에 이것저것 상상을 해 보는 것도 여행의 즐거움 중 하나일 것이다.